Serna Gómez, Humberto
    Servicio al Cliente : métodos de auditoria y medición/Humberto Serna Gómez. -- Santafé de Bogotá : 3R Editores, 1999.
   224 p. ; 24 cm. -- (temas gerenciales)
   Incluye bibliografía.
   ISBN 95896137-0-5
1. Servicio al cliente - Evaluación 2. Satisfacción del consumidor - Evaluación 3. Relaciones con los clientes I. Tít. II. Serie
658.812 cd 19 ed.
AFZ0460

                                  CEP- Biblioteca Luis Angel Arango

HUMBERTO SERNA GÓMEZ
LL. D.M.A. Ed. D.
Profesor Titular Facultad de Administración
UNIVERSIDAD DE LOS ANDES
BOGOTÁ D.C. - COLOMBIA

SERVICIO AL CLIENTE

Métodos de auditoría y medición

HUMBERTO SERNA G.
JOHN JAIRO GÓMEZ

Con la colaboración de:

PATRICIA SERNA H.
SERGIO SERNA H.
MARÍA DOLORES RODRÍGUEZ

2ª edición
Actualizada y corregida

Primera Edición, enero de 1996, 2.000 ejemplares
Segunda Edición, febrero de 1999, 1.000 ejemplares

Diseño de Portada: Visualizar Diseño

© 1999, 3R EDITORES LTDA.
© 1996, RAM EDITORES CIA. LTDA.
© 1996, Humberto Serna Gómez, Jhon Jairo Gómez

Todos los derechos reservados. Ni la totalidad ni parte de este libro pueden reproducirse o transmitirse por ningún procedimiento electrónico o mecánico, incluyendo fotocopias, grabación magnética o cualquier almacenamiento de información y sistema de recuperación, sin permiso escrito de 3R EDITORES LTDA.

Carrera 35 # 14-67 Teléfonos (571) 2 77 23 66 - 2 01 99 00 - 5 60 38 32
Fax (571) 5 60 38 33
E-mail: reditor3@col1.telecom.com.co
Bogotá, D.C. - Colombia

ISBN: 958-96137-0-5

Impreso en Colombia - Printed in Colombia

Impreso por CARGRAPHICS S. A.

DERECHOS RESERVADOS - PROHIBIDA LA REPRODUCCIÓN

Contenido

PRÓLOGO 11

INTRODUCCIÓN 13

I. CONCEPTOS BÁSICOS 17
   ¿Qué es el servicio al cliente? 17
   Características del servicio al cliente 17
   Tipología de las empresas orientadas hacia el servicio al cliente 18

1. LA AUDITORÍA DEL SERVICIO 19
   1.1. ¿Qué es la auditoría del servicio? 19
   1.2. Elementos de la auditoría del servicio 19
   1.3. Características de la auditoría del servicio 20

2. EL MANUAL DE AUDITORÍA DEL SERVICIO 20
   2.1 La auditoría del servicio y la calidad total 20

3. ÍNDICES 23
   3.1. Índice de satisfacción del cliente 23
   3.2. Índice de competencia 23
   3.3. Índices generales 23
   3.3.1. Índice real 23
   3.3.2. Índice perceptivo 23
   3.3.3. Cómo interpretar los índices real y perceptivo 24
   3.4. Índices específicos 24
   3.4.1. Índices relativos a la infraestructura 24
   3.4.2. Índices relacionados con la imagen corporativa 25
   3.4.3. Índices relacionados con aspectos comerciales 25
   3.4.4. Índices de satisfacción sobre los productos 25
   3.4.5. Índices sobre los procesos internos 25
   3.4.6. Índices relativos a la postventa 25
   3.4.7. Índices sobre el recurso humano 26
   3.4.8. Índices perceptivos 26
   3.5. Factores generadores de satisfacción e insatisfacción 26
   3.6. Momento de verdad 26

VI   *MÉTODOS DE AUDITORÍA Y MEDICIÓN*

4. METODOLOGÍA DE LA AUDITORÍA DEL SERVICIO 27
   4.1. Planear la auditoría del servicio 27
   4.1.1. Definir los objetivos de la auditoría 27
   4.1.2. Conocer los aspectos básicos de la compañía 27
   4.1.3. Analizar el ciclo del servicio 28
   4.1.4. Marco conceptual del análisis del ciclo del servicio 30
   4.1.4.1. Tormenta de ideas 30
   4.1.4.2. Los diagramas de flujo 31
   4.1.4.3. Diagrama causa/efecto 34
   4.1.5. Cómo obtener los conceptos por evaluar del ciclo del servicio 47
   4.1.6. Definir la organización de la auditoría 49
   4.1.6.1. Marco conceptual de la organización de la auditoría 50
           A. Grupo de desarrollo 50
           B. Grupo de soporte 52
   4.1.7. Establecer y diseñar la herramienta de medición 53
   4.1.7.1. Actividades para el diseño de las herramientas de medición 53
   4.1.7.2. Marco conceptual del diseño de la herramienta de medición 54
   4.1.7.3. Herramientas de medición de la auditoría del servicio 55
   4.1.7.4. Herramientas que definen índices de competitividad y de
          satisfacción del cliente 55
           A. La encuesta 59
           B. La clisa 63
           C. El cliente incógnito 71
           D. La encuesta por correo 81
           E. La teleauditoría 90
           F. La observación *in situ* 96
   4.1.7.5. Herramientas de base para definir
          necesidades y expectativas 100
           A. La entrevista 100
           B. El grupo foco 109
   4.1.7.6. Herramientas de medición combinadas 113
   4.1.7.7. Utilización de hojas de respuestas 113
   4.1.7.8. Diseñar la muestra 114

MARCO TEÓRICO PARA EL DISEÑO DE LA MUESTRA 118

DEFINICIÓN DEL TAMAÑO DE LA MUESTRA 119

TABLA ÁREAS BAJO CURVA NORMAL ESTÁNDAR 124, 125

MUESTREO PROBABILÍSTICO 126
      A. Muestreo aleatorio simple 126

B. Muestreo estratificado 127
C. Muestreo sistemático 129
D. Muestreo por conglomerados 131

MUESTREO NO PROBABILÍSTICO 133
A. Muestreo de decisión 133
B. Muestreo de cuota 134
C. Muestreo basado en expertos 135
D. Muestreo de fácil estudio 136
E. Muestreo combinado 137
F. El Criterio de Pareto 137
4.2. Obtener la información del cliente 140

MARCO TEÓRICO DE SOPORTE AL TRABAJO DE CAMPO 140
4.2.1. Plan del trabajo de campo 140
4.2.2. Prueba piloto y reevaluación de las herramientas de medición 141
4.2.3. Administración de la ejecución del trabajo de campo 141
4.3. Procesar la información obtenida 142
4.3.1. Planear el proceso de tabulación de los diferentes instrumentos de medición utilizados en la auditoría 142
4.3.2. Realizar la digitación de datos utilizando un soporte computarizado 142
4.3.3. Procesar los datos obtenidos 142
4.3.4. Obtener las frecuencias de ocurrencia correspondientes a las necesidades y expectativas 142
4.3.5. Documentar los resultados obtenidos 142
4.3.6. Evaluar el porcentaje de no respuesta de los diferentes instrumentos cuantitativos de la auditoría 143
4.3.7. Plan del proceso de tabulación de los datos 143
4.3.8. Procesamiento de datos 145
4.3.8.1. Procesamiento de datos cuantitativos 146
4.3.8.2. Procesamiento de datos cualitativos 149
4.3.8.3. Evaluación de la tasa de no respuesta del cliente 150
4.4. Analizar la información procesada 151
4.4.1. Realice el análisis cuantitativo de la información obtenida 152
4.4.2. Realice el análisis cuantitativo de la información obtenida así 152
4.4.3. Definiciones básicas 152
4.4.3.1. Clasificación de los factores de competencia 153
4.4.4. Análisis cuantitativo 153
4.4.4.1. Herramientas de análisis de la información cuantitativa 154

        A. Cuadros de tendencias 154
        B. Perfiles de satisfacción del cliente 155
        C. Matriz de niveles de satisfacción 156
        D. El perfil de competencia 160
        E. Las gráficas de barras 161
        F. Matriz de niveles de competencia 163
  4.4.5. Análisis cualitativo 167
        A. Cuadros de frecuencias 167
        B. Histogramas de frecuencias 168
        C. Polígonos de frecuencias 169
        D. Diagramas de círculo 172
4.5. Definir la libreta de calificaciones del cliente 176
4.5.1. Objetivo 176
4.5.2. Descripción 176
        A. Títulos 177
        B. Instrucciones 177
        C. Encabezamiento 177
        D. Cuerpo 178
        E. Comentarios 178
4.5.3. Diligenciamiento de la libreta de calificaciones del cliente 178
4.5.4. Análisis e interpretación básica de la
       libreta de calificaciones del cliente 179
4.5.5. Esquemas de representación 180
4.5.6. Ejemplo de aplicación 180
        A. Objetivo 180
        B. Presentación de la libreta de calificaciones del cliente
           diligenciada 181
        C. Presentación del cuadro de tendencias índice real 182
        D. Presentación del perfil de satisfacción acumulado 183
        E. Presentación del perfil de competitividad 184
        F. Presentación gráfico de barras comparativo
           del índice real v.s. perceptivo 185

5. DIFUSIÓN DE RESULTADOS 188
5.1. La estrategia del servicio de la compañía 188
5.2. Planes de acción 189
5.3. Seguimiento de la auditoría y de los planes de acción 189

CASO. Valores y Servicios S.A. 192

DESCRIPCIÓN DE LA EMPRESA 192

Objetivos generales 193
Metodología 193
Muestra 193
Diseño de las herramientas de medición 194
Índices de satisfacción 194
Trabajo de campo 195
Tabulación 195

ANÁLISIS CUANTITATIVO Y CUALITATIVO 195
Índices de satisfacción 195

ANÁLISIS CUANTITATIVO GENERAL 197
Empresas retiradas 197
Concesionarios 198
Mercado general 200
Cadenas 201
Clínicas 202
Consolidado 203
Perfil de la competencia 204
A. Análisis consolidado por competidor 204
B. Análisis por tipo de cliente (Segmentos) 205
   1. Compañías retiradas 205
   2. Concesionarios 206
   3. Clínicas 206
   4. Mercado general 207
   5. Cadenas 207

CONCLUSIONES GENERALES 208
1. Postventa 208
2. Recurso humano 208
3. Comunicaciones 209
4. Aspectos comerciales 209
5. Procesos internos 209

BIBLIOGRAFÍA 221

Prólogo

En la época de los mercaderes antiguos, el cliente fue el centro de los negocios. En los últimos tiempos, el cliente gana cada vez más importancia y protagonismo. La literatura sobre él es abundante y variada.

Nosotros, en HUMBERTO SERNA & ASOCIADOS, venimos laborando con intensidad en el área de servicio al cliente. En los trabajos con las diferentes compañías que nos honramos asesorar, aprendimos que el servicio debe diseñarse a partir de la identificación de las necesidades del cliente y del conocimiento de los **niveles de satisfacción con el servicio que recibe.**

Nos propusimos la tarea de indagar y desarrollar una metodología que permitiera conocer los índices de satisfacción de los clientes.

El trabajo que presentamos es el resultado de más de tres años, abriendo camino en el campo de la investigación sobre los clientes, y tiene como grupo objetivo a la comunidad universitaria, en la que esperamos sirva de texto para la docencia en la evaluación de la calidad del **servicio al cliente**.

Jhon Jairo, Patricia, Sergio y María Dolores, bajo la dirección y liderazgo de Humberto Serna, trabajaron intensamente realizando auditorías de servicio en una amplia gama de empresas industriales y de servicio, nacionales y extranjeras. Aprendimos de éxitos y fracasos. Los resultados de este esfuerzo están aquí, en la obra que hoy entregamos.

Igualmente, la obra está dirigida a los gerentes generales, a los gerentes de mercadeo y a todos los profesionales, directores de companías o de negocios personales que deseen conocer cómo identificar y medir los niveles de satisfacción de sus clientes.

Nuestros alumnos y las compañías que nos dieron oportunidad de validar nuestro trabajo son los verdaderos autores de esta obra.

A ellos damos nuestro más sentido reconocimiento.

HUMBERTO SERNA GÓMEZ
Presidente
Bogotá - Colombia

Introducción

Al revisar la literatura gerencial, el cliente siempre ha tenido un lugar preferencial. Fue muy común el dicho: "El cliente siempre tiene la razón".

Peter Drucker en su libro *The Practice of Management* afirmó: "sólo hay una manera de definir los propósitos y objetivos de los negocios: *Crear un cliente*. Es él quien determina cuál es el negocio".

Sin embargo, a pesar de las afirmaciones, las compañías han estado lejos del cliente. Su atención principal han sido los productos, los costos y, por ende, las utilidades. El cliente se encuentra muy lejos de sus intereses. Las empresas han tenido compradores, no clientes; les han comprado, no han tenido que vender.

El mundo ha cambiado vertiginosamente. Las economías se han globalizado. Los mercados se han abierto. La competencia es cada día más intensa. Los productos se estandarizan, los monopolios desaparecen. De unos mercados de demanda con pocos productos y muchos clientes, pasamos a unos mercados de oferta con muchos productos y muchos clientes.

Los productos, en este nuevo mercado dejan de ser los únicos diferenciados, la ventaja competitiva y las compañías tienen que empezar a reposicionarse.

En ese reposicionamiento, el cliente aparece con más autonomía, con mayor capacidad negociadora. De esclavos de los monopolios, sin capacidad negociadora, entran en un mercado que representa su liberación y en el cual el poder de negociación está totalmente en sus manos. Éste es el gran viraje. El poder de negociación cambió. Antes era el privilegio del proveedor. Ahora es el cliente quien lo tiene, el que decide a quién y cuándo comprarle.

El producto y su calidad seguirán siendo elementos de competitividad. Sin embargo, el valor agregado que genere el servicio recibido se convierte en un factor fundamental en la decision de compra.

Así, el servicio al cliente aparece como el gran factor diferenciador en el mercado. El reto es, entonces, encontrar una estrategia que permita a las compañías construir una ventaja competitiva que las diferencie de otras.

¿Y cuál es esa ventaja competitiva?: LA EXCELENCIA EN EL SERVICIO AL CLIENTE.

El servicio al cliente se convierte así, en la estrategia, en el nuevo producto, indispensable para sobrevivir en los mercados de hoy.

Diseñar y poner en marcha estrategias de servicio al cliente es una de las tareas más importantes de la empresa de hoy.

La puesta en marcha de la estrategia del servicio requiere un conocimiento permanente de las necesidades y expectativas de los clientes y la evaluación metódica y sistemática de la calidad del servicio que recibe. El cliente es el punto de partida para el diseño de un servicio que genere valor agregado al consumidor de un producto o servicio.

Existen formas diversas para obtener información sobre la evaluación que hace el cliente de la calidad del servicio que recibe.

Los autores de este trabajo han integrado, con base en su experiencia, varias metodologías dentro de un sistema de evaluación de la calidad del servicio, que han denominado AUDITORÍA DEL SERVICIO.

Esta auditoría se entiende como la metodología mediante la cual una organización obtiene en forma sistemática y permananente los índices de satisfacción de sus clientes, con la calidad del servicio que reciben.

Esta definición implica que:

a. La auditoría debe ser sistemática. Tener una metodología expresa.

b. La auditoría debe ser permanente. No es auditoría la que se hace en forma esporádica.

c. La auditoría del servicio debe arrojar **índices de satisfacción** del cliente, entendidos como la calificación que hace el cliente sobre la calidad del servicio que recibe.

d. La auditoría del servicio debe generar la libreta de calificaciones, la cual permitirá la monitoría de la calidad del servicio y el seguimiento a las mejoras producidas de una medición a otra.

e. La auditoría del servicio debe incluir los aspectos relacionados con la atención al cliente: elementos perceptivos como amabilidad, buenas maneras, trato adecuado, etc., e igualmente elementos objetivos del servicio al cliente como: despachos, tiempo de entrega, reclamos, servicio técnico, señalización, toma de decisiones, etc. No debe efectuarse sólo en uno u otro sentido.

f. Si bien en su etapa inicial la auditoría del servicio es realizada por una firma externa, ésta debe convertirse en un hábito interno. Por tanto, educará a la organización, para que sea ella quien lleve a cabo su propia auditoría. Éste es un paso en el que debe avanzar y madurar la organización.

g. Los resultados de la auditoría serán comunicados y compartidos en toda la organización. Todos los miembros deben conocer la calificación que hacen sus clientes, analizarla y comprometerse a un mejor desempeño frente a él. Esto significa convertir la calificación en un índice de desempeño.

Así, se abrirá paso la idea que ésta debe ser parte de la evaluación de desempeño de cada colaborador, y por tanto, uno de los criterios que afecten la remuneración de cada empleado. Empresas como I.B.M., asignan un porcentaje de los incrementos salariales a la calificación que hacen los clientes de sus colaboradores.

h. La auditoría del servicio debe servir de soporte al desarrollo de la base de datos del cliente. Ésta es otra de las urgencias competitivas del momento. Las empresas tienen que conocer cada vez más a sus clientes, elaborar los perfiles de sus necesidades y expectativas, mantenerlas actualizadas y utilizarlas en sus estrategias de comercialización.

Los elementos anteriores indican que la investigación sobre los clientes se abre paso como condición necesaria para lograr el reposicionamiento exigido por los mercados de hoy.

Los autores esperan contribuir con este trabajo en la construcción de esa senda indispensable de competititividad, en la cual la calidad del servicio que se ofrezca al cliente, en términos del valor agregado que le genere, será la que asegure permanencia, crecimiento y rentabilidad en un mercado cada vez más dinámico y competitivo.

I. CONCEPTOS BÁSICOS

¿ Qué es el servicio al cliente ?

"El servicio al cliente es el conjunto de estrategias que una compañía diseña para satisfacer, mejor que sus competidores, las necesidades y expectativas de sus clientes externos".

De esta definición se deduce que el servicio al cliente tiene una serie de características muy especiales que lo diferencian de otros productos.

Características del servicio al cliente

1. El servicio al cliente es un **intangible**. Es eminentemente perceptivo, así tenga algunos elementos objetivos.

2. Es **perecedero**. Se produce y consume instantáneamente.

3. Es **continuo**. Quien lo produce es a su vez el proveedor del servicio.

4. Es **integral**. En la producción del servicio es responsable toda la organización. Por ello, todos los colaboradores de la empresa son parte fundamental en la calidad del ciclo del servicio, que genera la satisfacción o insatisfacción de los clientes.

5. La oferta del servicio **promesa básica** es el estándar para medir la satisfacción de los clientes. "El cliente siempre tiene la razón cuando exige que cumplamos lo que prometemos".

6. Por ende, el **foco** del servicio es la satisfacción plena de las necesidades y expectativas de los clientes.

7. La prestación integral del servicio genera **valor agregado**, el cual asegura la permanencia y lealtad del cliente. Él, en los nuevos mercados, compra valor agregado.

Tipología de las empresas orientadas hacia el servicio al cliente

Las empresas orientadas hacia el servicio al cliente tienen una tipología enmarcada en los siguientes elementos:

1. Conocen a profundidad sus clientes, tienen bases de datos confiables de ellos y manejan sus perfiles.

2. Realizan investigación permanente y sistemática sobre el cliente, sus necesidades y sus niveles de satisfacción: auditoría del servicio.

3. Tienen una estrategia, un sistema de servicio a sus clientes.

4. Hacen seguimiento permanente de los niveles de satisfacción.

5. Toman acciones reales de mejoramiento frente a las necesidades y expectativas de sus clientes, expresadas en los índices de satisfacción.

6. Participan sistemáticamente a sus clientes internos sobre los niveles de satisfacción de los clientes externos.

7. Diseñan estrategias de mercadeo interno y venta interna que generan la participación de los clientes internos en la prestación de un servicio de excelencia, partiendo de la satisfacción y compromiso de sus colaboradores. El servicio al cliente externo hay que venderlo primero dentro y después fuera. Estrategia de mercadeo que no se gana adentro con los colaboradores, no se gana afuera.

Los elementos enunciados son el contexto dentro del cual se presentará la metodología para analizar la **auditoría del servicio**, con empresas industriales y de servicios.

1. LA AUDITORÍA DEL SERVICIO

La auditoría del servicio es uno de los elementos fundamentales en un programa de servicio al cliente. Un componente de las estrategias de competitividad de una empresa.

El objetivo de este manual es, precisamente, presentar la metodología y las herramientas que permitan a una organización obtener los índices de satisfacción de los clientes, e incorporarlas en el diseño de la estrategia del servicio.

1.1. ¿ Qué es la auditoría del servicio ?

"La auditoría del servicio es el conjunto de estrategias que una empresa diseña para escuchar en forma metódica y sistemática, la evaluación que el cliente hace de la calidad y los niveles de satisfacción, con el servicio que recibe, dentro de los estándares de excelencia previamente acordados o definidos".

De la definición anterior se infiere que la auditoría del servicio requiere unos elementos fundamentales para que forme parte válida de una estrategia integral del servicio al cliente externo.

1.2. Elementos de la auditoría del servicio

Son elementos de una auditoría del servicio:

a. El conocimiento claro de los clientes objetivos o segmentos de clientes.

b. Identificación clara de los servicios objeto de auditoría.

c. Elaboración clara del *Blueprint* : ciclo o ciclos del servicio.

d. Definición y diseño específico de los "momentos de verdad" dentro del ciclo de servicio.

e. Establecimiento de estándares de calidad, de común acuerdo con los clientes o por definición propia de la organización.

f. Definición de una metodología para la obtención de *índices de satisfacción* en los clientes. No confundir la auditoría del servicio con los métodos tradicionales de hacer investigación y auditoría de mercados.

g. Introducir la auditoría del servicio como una estrategia *permanente* y no como un evento casual, con el fin de poder elaborar en forma sistemática la *libreta de calificaciones* del cliente.

h. Retroalimentar a la organización con los resultados de las auditorías para que éstas se conviertan en un elemento de los procesos de mejoramiento continuo. Hacerlo en forma permanente y sistemática. Comprometer a los colaboradores en el mejoramiento de su desempeño frente al cliente.

i. Lograr el compromiso de la *alta gerencia*, con la auditoría sistemática del servicio, como parte del proceso de calidad total.

1.3. Características de la auditoría del servicio

La auditoría del servicio es:

a. *Exploratoria*, pretende definir las necesidades y expectativas del cliente.

b. *Descriptiva*, procura determinar los índices de satisfacción y competitividad de la empresa analizada.

c. *Confirmatoria,* como resultado del seguimiento a la auditoría, cuyo propósito es evaluar periódicamente la satisfacción y la capacidad competitiva de la organización, con respecto al servicio que ofrece.

2. EL MANUAL DE AUDITORÍA DEL SERVICIO

El manual de auditoría del servicio que se presenta a continuación intenta guiar el diseño y realización de las auditorías del servicio al cliente externo, en las diferentes empresas, tanto industriales, como de servicios públicos o privados.

Su concepción global y genérica servirá de apoyo a cada empresa para que ésta lo adapte a las necesidades propias y específicas de sus productos, mercados y clientes.

Cada compañía maneja procesos, productos y mercados con diferentes niveles de competitividad. Así mismo, ha formulado promesas básicas, que si bien tienen elementos comunes, también existen diferenciales; por tanto, adoptará la metodología de acuerdo con sus características.

2.1. La auditoría del servicio y la calidad total

La auditoría del servicio es importante por el papel activo que cumple dentro de los procesos de calidad total y mejoramiento continuo.

La auditoría del servicio, por tanto, hace parte y se integra en el sistema de calidad total.

La calidad total - CT parte del conocimiento de las necesidades y expectativas del cliente, (calidad río arriba) con el propósito de satisfacerlas, con mayor calidad en los productos y servicios que ofrece la compañía.

El mejoramiento continuo - MC supone el compromiso de toda la organización en el mejoramiento permanente. El mejoramiento continuo consolida la cultura de la calidad total.

La auditoría del servicio - AS es una de las metodologías utilizadas para evaluar y medir la calidad del servicio que la organización ofrece a sus clientes externos.

La auditoría del servicio se fundamenta en la obtención de **hechos y datos** sobre la calidad del servicio que se brinda al cliente; de allí que se defina como una metodología con el propósito de obtener y proveer información sobre la satisfacción del cliente, a los procesos de calidad y mejoramiento continuo.

Cuadro No.1 AUDITORÍA DEL SERVICIO

Necesidades y Expectativas del Cliente Interno y Externo	
M E J O R A M I E N T O C O N T I N U O C A L I D A D Administración	Hechos y Datos **Auditoría de Gestión**
Producción	Control Estadístico de Procesos CEP
Comercialización	**Auditoría del Servicio** (Método)
Satisfacción del Cliente Interno y Externo	

CALIDAD TOTAL

Cuadro No. 2 CALIDAD TOTAL

RELACIÓN ENTRE LA CT, MC Y AS	
OBJETIVO	Calidad Total
ESTRATEGIA	Mejoramiento Continuo
MÉTODO	**Auditoría del Servicio**
	Control Estadístico de Procesos
	Auditoría de Gestión
MOTOR	Personal de la Compañía
RESULTADOS	Satisfacción del Cliente
	Satisfacción en el Trabajo
	Rentabilidad / Utilidades

3. ÍNDICES

Antes de presentar la metodología para realizar la auditoría del servicio, es indispensable tener claros los siguientes conceptos básicos:

3.1. Índice de satisfacción del cliente

El índice de satisfacción del cliente es un parámetro de referencia cuyo objetivo es cuantificar la calidad del servicio que una organización ofrece a sus clientes.

3.2. Índice de competencia

El índice de competencia en el contexto de la auditoría del servicio es un parámetro de referencia cuyo objetivo es cuantificar y comparar la calidad del servicio que una organización ofrece a sus clientes, con respecto a su competencia directa.

3.3. Índices generales

Los índices generales son aquellos que resultan de compaginar e integrar toda la información obtenida y procesada en la auditoría. Dichos índices se clasifican en dos categorías: índices reales e índices perceptivos.

3.3.1. Índice real

El índice de satisfacción y competitividad real es aquel que se obtiene como resultado del cálculo matemático de ponderar los índices objetivos particulares de cada concepto evaluado. El procedimiento para calcular este índice se presenta en el capítulo 4, acápite 4.3, Cómo procesar la información obtenida.

El índice real es la calificación que hace el cliente sobre índices objetivos del servicio, y es real porque se basa en hechos cuantificables. Por ejemplo: tiempo de entrega, despachos, solución de reclamos.

3.3.2. Índice perceptivo

El índice de satisfacción perceptivo es aquel que define el cliente de acuerdo con su percepción general de la calidad del servicio que recibe.

Éste es un índice subjetivo que puede estar influenciado por la calidad de la última experiencia del cliente con la organización. Ejemplo de este índice son amabilidad, atención, oportunidad, trato personal, opinión y trato de los colaboradores.

Sin embargo, a pesar de la subjetividad, sus resultados pueden aportar e impactar los procesos de calidad y mejoramiento continuo de la organización.

El obtener los dos índices, el real y el perceptivo, permite equilibrar y hacer más objetivo el resultado de una auditoría del servicio al cliente.

3.3.3 Cómo interpretar los índices real y perceptivo

	SI	ENTONCES
a.	El índice real menor	Se interpreta que el cliente está insatisfecho, pues la organización auditada no le está ofreciendo el servicio que él espera.
b.	El índice real mayor	Se concluye que el cliente es leal; por tanto, lograr su satisfacción es posible siempre que se solucionen los problemas que evidencían los índices que determinan el real.

3.4. Índices específicos

Además de los índices generales, la auditoría debe proveer índices específicos sobre diferentes áreas relacionadas con el servicio al cliente. Éstos pueden clasificarse en índices de infraestructura, imagen corporativa, comerciales, de procesos internos, de productos, de recurso humano, y posventa, así como índices perceptivos propiamente dichos.

3.4.1. Índices relativos a la infraestructura

Son aquellos que evalúan la satisfacción del cliente con respecto a la calidad de la planta física de la organización auditada, en términos de vías de acceso, localización, distribución interior, orden, aireación, decoración, señalización, ambiente, aseo, visualización de avisos internos y externos, facilidad de parqueo, facilidad en la comunicación telefónica o escrita, entre otros.

3.4.2. Índices relacionados con la imagen corporativa

Corresponde a aquellos índices de satisfacción con la organización, en cuanto a su tradición, respaldo, proyección, posicionamiento, confianza, capacidad de negociación, etc.

3.4.3. Índices relacionados con aspectos comerciales

Los índices sobre aspectos comerciales son aquellos que definen la satisfacción del cliente con relación a los servicios de venta, la atención de reclamos, información recibida, cantidad y ubicación de los puntos de venta, publicidad, promociones, entre otros.

3.4.4. Índices de satisfacción sobre los productos

Los índices sobre productos determinan la satisfacción del cliente con respecto a las características de los productos o servicios que la organización ofrece; puede ser la satisfacción en lo relativo a la variedad de productos, la innovación, la tecnología utilizada, las características técnicas del producto como su viscosidad, dureza, elasticidad, permeabilidad, etc.

3.4.5. Índices sobre los procesos internos

Estos índices sobre procesos internos definen la satisfacción del cliente en relación con las actividades de la organización que determinan la agilidad y la atención.

Índices relacionados con los procesos internos pueden ser: despachos, cobranzas, transporte, toma de decisiones, solución de reclamos y problemas, capacidad decisoria de los colaboradores frente al cliente, niveles burocráticos a los que debe acudir el cliente, disponibilidad de personal para la atención al público, horarios de atención, políticas, normas y reglas, etc.

3.4.6. Índices relativos a la posventa

Los índices relativos a la posventa determinan la satisfacción del cliente con relación a las actividades de la organización después de ofrecido el servicio, como es el caso de la asesoría técnica, el manejo y cumplimiento de garantías, la participación en la auditoría del servicio, entre otras.

3.4.7. Índices sobre el recurso humano

Los índices sobre el recurso humano definen el concepto del cliente externo con respecto a la calidad de formación y del servicio que ofrece el cliente interno. Por ejemplo, el nivel educativo, la capacidad de toma de decisión y de asesoría, el conocimiento del producto y del cliente externo.

3.4.8. Índices perceptivos

Los índices de satisfacción perceptivos son aquellos que el cliente califica de acuerdo con su percepción particular sobre un aspecto específico, o sobre la calidad en su interacción con la organización. Éste es el caso de los índices perceptivos sobre la agilidad en la atención de un funcionario, la cordialidad, la amabilidad, la atención personalizada, la disponibilidad de tiempo para atender las solicitudes de los clientes y la calidad de la información recibida, entre otros.

3.5. Factores generadores de satisfacción e insatisfacción

Los índices son el resultado de medir la satisfacción o insatisfacción de un cliente frente a un hecho que genera o no satisfacción.

Un factor generador de satisfacción es aquel que resalta, permite al cliente expresar y calificar su acuerdo y satisfacción con la calidad del servicio que recibe de una organización.

Un factor generador de insatisfacción es una percepción o un hecho que el cliente manifiesta y califica, de conformidad con el servicio que recibe.

3.6. Momento de verdad

Otro concepto necesario para entender la metodología de la auditoría del servicio es el "**Momento de verdad**".

Un momento de verdad corresponde a cualquier contacto del cliente con algún aspecto de la compañía, en el cual tiene la oportunidad de formarse una impresión.

Son momentos amargos aquellos que generan la insatisfacción del cliente. En una organización orientada al cliente, sus contactos deberán ser estelares o transformarlos de amargos a estelares.

4. METODOLOGÍA DE LA AUDITORÍA DEL SERVICIO

4.1. Planear la auditoría del servicio

Para llevar a cabo el proceso de planeación de la auditoría del servicio, es necesario ejecutar las siguientes actividades:

4.1.1. Definir los objetivos de la auditoría.

La auditoría del servicio, como tal, es un estudio de campo, pues la investigación se realiza sobre el conjunto de clientes a quienes la compañía ofrece su servicio.

Los objetivos de la auditoría del servicio son:

A. Identificar las necesidades y expectativas del cliente.

B. Obtener los índices de satisfacción del cliente.

C. Determinar la capacidad competitiva de la empresa estudiada, con respecto a su competencia directa.

4.1.2. Conocer los aspectos básicos de la compañía

Para llevar a cabo la auditoría del servicio es necesario conocer aspectos generales de la empresa analizada, lo cual facilitará el diseño de la herramienta de referencia para medir la calidad del servicio que la organización ofrece.

Para lograr este objetivo, resulta importante conocer:

a. La misión de la compañía.

b. Las políticas generales de la compañía.

c. La estructura organizacional.

d. El clima laboral.

e. Los factores claves de éxito en las relaciones comerciales.

f. La jerga del mercado al cual pertenece la empresa estudiada.

g. La estructura de los canales de comercialización.

h. La organización de mercadeo, ventas y servicio.

i. La estructura del área de producción.

j. Las evaluaciones de la calidad analizada.

k. Los estudios de mercados.
l. Otros.

4.1.3. Analizar el ciclo del servicio

La planeación de la auditoría del servicio depende en mayor grado del análisis efectuado al ciclo del servicio de la organización estudiada.

El ciclo del servicio es el proceso a través del cual el cliente interactúa con la compañía analizada; es decir, corresponde a los diferentes contactos del cliente con la organización para obtener el servicio ofrecido.

Para identificar y analizar el ciclo del servicio, se puede buscar apoyo en las técnicas de *análisis de procesos*, dentro del contexto filosófico de la calidad total, o de la reingeniería.

Esas técnicas incluyen: la tormenta de ideas, los diagramas causa/efecto, y los de flujo que se presentan como una alternativa para el análisis y la representación del ciclo del servicio.

MODELO DE ANÁLISIS DE UN CICLO DEL SERVICIO

ACTIVIDAD	RESULTADO
I. Analice la información secundaria Obtenga documentación sobre el ciclo del servicio de la empresa estudiada.	Listado preliminar del esquema del ciclo del servicio analizado.
II. Analice la información primaria Realice una tormenta de ideas con expertos en el ciclo del servicio sobre las características del mismo.	Listado de los diferentes puntos de contacto entre la organización y su cliente.
III. Represente el ciclo del servicio Represente el ciclo del servicio gráficamente.	Diagrama de flujo del ciclo del servicio.
IV. Analice los momentos de verdad Determine los puntos de contacto del cliente con la organización.	Diagramas causa/efecto del ciclo del servicio.
V. Corrobore la validez del análisis Valide con expertos el ciclo del servicio objeto del análisis.	Identificación de conceptos por evaluar en la auditoría del servicio, con respecto al ciclo del servicio estudiado.
VI. Documente los resultados del análisis Liste el conjunto de conceptos por evaluar en cada momento de verdad del ciclo del servicio estudiado.	Listado de referencia para el diseño de las herramientas de medición auditoría del servicio.

4.1.4. Marco conceptual del análisis del ciclo del servicio

A continuación se presentan las técnicas de análisis de procesos, desde la perspectiva de la auditoría del servicio, que ayudan a la identificación y diagramación del ciclo de servicio al cliente.

4.1.4.1. Tormenta de ideas

Definición:

Discusión abierta y participativa que pretende obtener y asegurar el mayor número de ideas posibles en un grupo de personas, sobre un tema específico.

Objetivos:

1. Facilitar la definición del ciclo del servicio.
2. Identificar los momentos de verdad.
3. Permitir la definición de los conceptos por evaluar en la auditoría.
4. Procurar la participación de personas involucradas en el ciclo del servicio, en el diseño de las herramientas.
5. Facilitar el análisis en grupo de los resultados del trabajo de campo en la auditoría del servicio.
6. Facilitar la comunicación entre el grupo de desarrollo y el grupo de soporte de la auditoría.

Descripción:

La tormenta de ideas puede ser estructurada o no estructurada. La estructurada procura que los participantes en la discusión hablen por turnos en un orden determinado.

La tormenta de ideas no estructurada presenta una discusión en la cual los miembros del grupo hablan sin un orden preestablecido.

Requerimientos:

Independiente del estilo que se defina para realizar la tormenta de ideas, la discusión debe:

1. Facilitar que todas las personas hablen.
2. Obtener y asegurar el mayor número de ideas posibles.

3. Valorar cada idea que se presente.
4. Dar la oportunidad de meditar las ideas planteadas
5. Seleccionar un moderador de la discusión.
6. Considerar buenas y malas ideas.

Actividades:

1. Definir el tema de discusión.
2. Determinar la manera cómo se va a realizar la discusión.
3. Intercambiar ideas.
4. Discutir y ampliar las ideas sugeridas.
5. Listar las ideas presentadas.
6. Determinar el orden de importancia de las ideas planteadas

4.1.4.2. Los diagramas de flujo

Definición:

Un diagrama de flujo es una representación gráfica de las actividades que conforman un ciclo del servicio.

Objetivos:

1. Facilitar la comprensión del ciclo del servicio.
2. Representar el ciclo del servicio hasta el nivel de los momentos verdad.
3. Proporcionar una visión rápida del ciclo del servicio.

Descripción:

Los diagramas de flujo de aplicación al análisis del ciclo del servicio son los diagramas de bloque, los cuales se complementan con símbolos de decisión y de conexión.

El diagrama de flujo de bloque es el más sencillo de los diagramas de flujo; los símbolos que utiliza se presentan a continuación:

SÍMBOLOS DE UN DIAGRAMA DE FLUJO

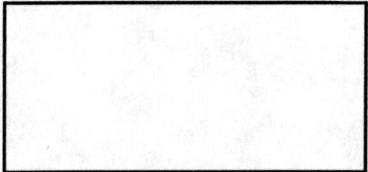

Proceso o momento de verdad del ciclo del servicio

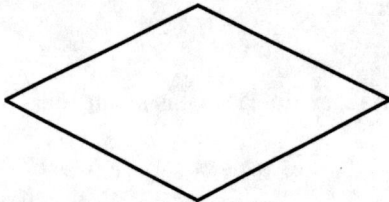

Punto de decisión en el ciclo del servicio o alternativa

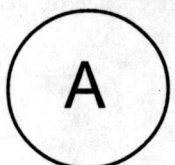

Símbolo de conexión cuyo propósito es conectar un diagrama de flujo con otro (Incluye letra en su interior)

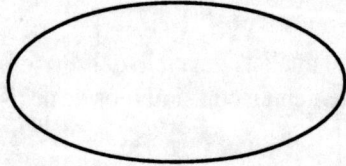

Indica el inicio y el fin del ciclo del servicio

Requerimientos:

1. Cuando un ciclo del servicio es bastante elaborado, lo adecuado sería representarlo por medio de varios diagramas de flujo, con sus respectivos símbolos de conexión.

2. Es importante utilizar lenguaje sencillo.

Actividades:

1. Describir la lista de actividades que se llevan a cabo a través del ciclo del servicio.
2. Identificar el ciclo o parte de éste que se va a a representar.
3. Presentar el símbolo de inicio del ciclo.
4. Definir el primer contacto con el cliente y encerrarlo dentro de un rectángulo.
5. Definir los siguientes contactos, de acuerdo con el ciclo, represéntelos como el primer contacto, únalos por medio de flechas, símbolos de decisión o conexión.
6. Presentar el símbolo de final de ciclo.

Ejemplo de aplicación:

Consideremos la solicitud de crédito de una persona natural en una institución financiera, en la cual tiene una cuenta de ahorros.

Actividad 1: El cliente de la institución financiera manifiesta interés en solicitar crédito.

Actividad 2: El cliente recibe información sobre las líneas de crédito y sus características, por parte de un funcionario de la institución financiera.

Actividad 3: El cliente decide solicitar el crédito.

Actividad 4: El cliente diligencia los formularios exigidos.

Actividad 5: El cliente entrega la documentación requerida por la institución financiera.

Actividad 6: Se realiza una primera verificación de la documentación entregada por parte del cliente.

Actividad 7: Se realiza el trámite interno para decidir la aprobación del crédito.

Actividad 8: Si se cumplen las condiciones el crédito es aprobado.

Actividad 9: Una vez se apruebe el crédito, se constituyen y legalizan las garantías exigidas por la institución financiera.

Actividad 10: El crédito es otorgado.

4.1.4.3 Diagrama causa/efecto

Definición:

Es una representación gráfica de un efecto o resultado, y su relación con las causas que lo generan.

Objetivos:

1. Facilitar el análisis del ciclo del servicio mediante la agrupación y clasificación de los procesos y subprocesos que lo definen.
2. Permitir la definición de los conceptos por evaluar en la auditoría del servicio.
3. Facilitar el diseño de las herramientas de medición para la auditoría.

Descripción:

Un diagrama causa/efecto es un gráfico que se semeja a una espina de pescado. Veamos:

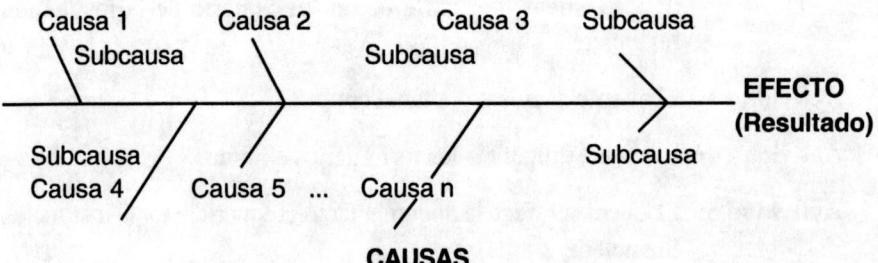

Requerimientos:

1. Este diagrama puede ser construido en forma individual o en grupo; sin embargo, produce mejores resultados con un trabajo participativo.

2. Es importante asegurarse de que las personas participantes en la construcción de un diagrama causa/efecto –el cual facilite el diseño de una herramienta de medición– estén de acuerdo con la definición de una característica de calidad del servicio ofrecido.

3. La definición de los procesos en el ciclo del servicio debe estar orientada a facilitar la comprensión del ciclo del servicio evaluado.

Actividades:

1. Identificar la característica del ciclo del servicio.
2. Escribir en el extremo de una flecha horizontal la característica del ciclo del servicio.
3. Determinar los procesos que definen la característica analizada.
4. Clasificarlos por nivel de importancia y definir los factores que causan otros.
5. Graficar los procesos principales por medio de flechas diagonales que se presentan en dirección a la línea horizontal.
6. Graficar los subprocesos mediante flechas pequeñas, hasta que se representen todas las causas conocidas.
7. Verificar que todas las causas se presenten y hacer las observaciones que se consideren necesarias.

   En el ciclo del servicio interactúan el cliente interno, el cliente externo, los procedimientos, máquinas y entorno. Para representar esta interacción se puede utilizar un diagrama causa/efecto, como el que se muestra a continuación:

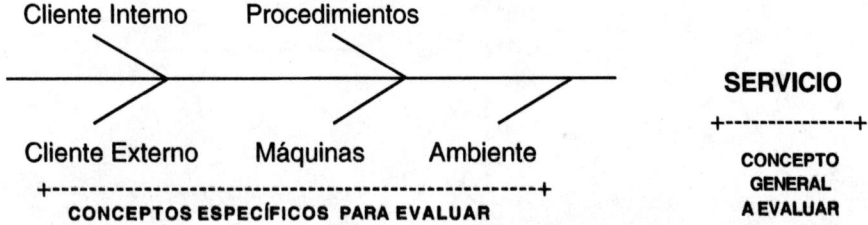

Cuadro No.3 Diagrama causa/efecto

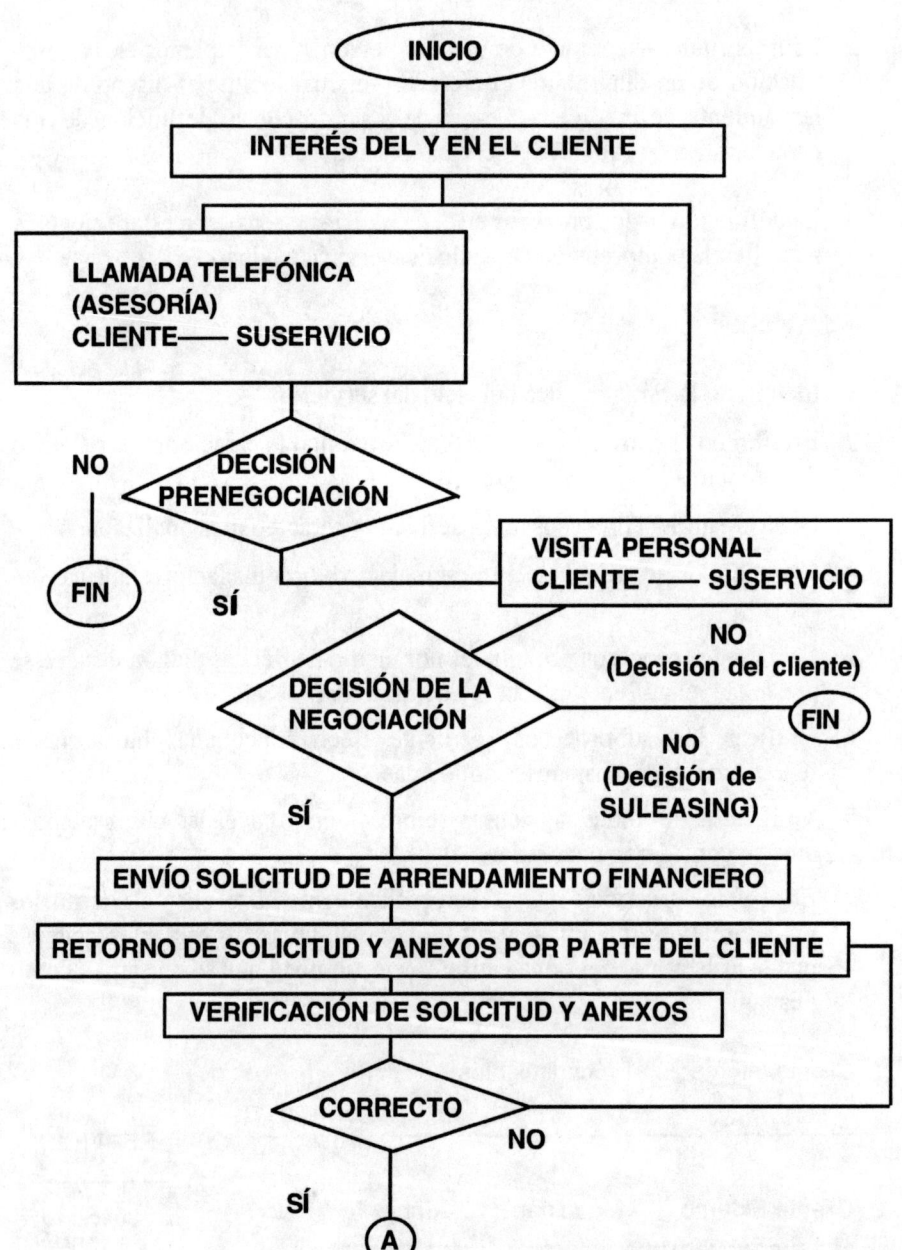

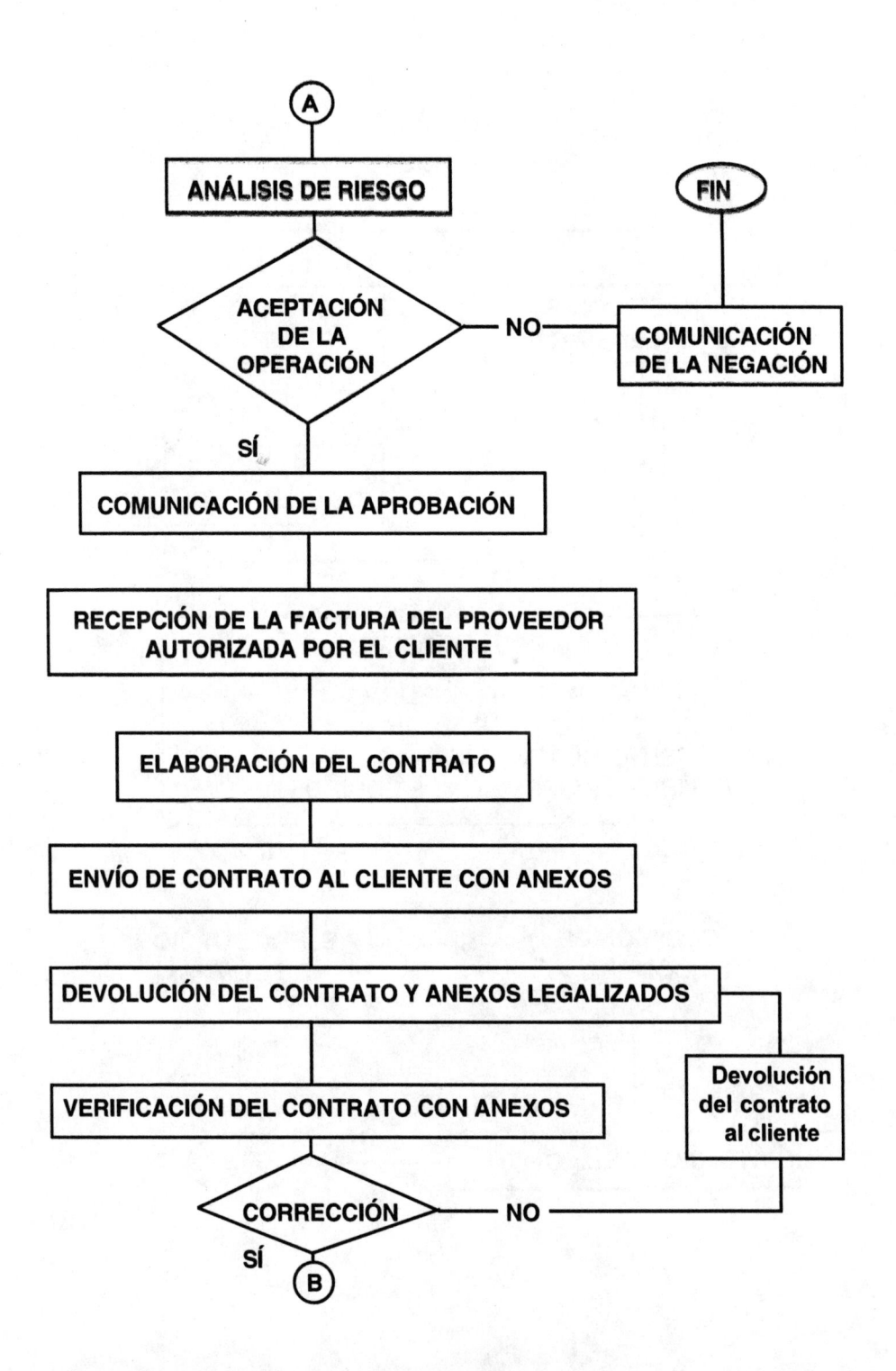

```
                    (A)
                     │
          ┌──────────▼──────────┐
          │  ANÁLISIS DE RIESGO │
          └──────────┬──────────┘
                     │
                  ╱     ╲                                    ( FIN )
                ╱ ACEPTACIÓN╲                                   ▲
               ╱    DE LA     ╲────NO────┌──────────────────┐   │
               ╲  OPERACIÓN  ╱           │   COMUNICACIÓN   │───┘
                 ╲         ╱             │   DE LA NEGACIÓN │
                   ╲     ╱               └──────────────────┘
                     │
                    SÍ
                     │
     ┌───────────────▼────────────────────┐
     │   COMUNICACIÓN DE LA APROBACIÓN    │
     └───────────────┬────────────────────┘
                     │
     ┌───────────────▼────────────────────────────┐
     │  RECEPCIÓN DE LA FACTURA DEL PROVEEDOR     │
     │       AUTORIZADA POR EL CLIENTE            │
     └───────────────┬────────────────────────────┘
                     │
     ┌───────────────▼────────────────────┐
     │     ELABORACIÓN DEL CONTRATO       │
     └───────────────┬────────────────────┘
                     │
     ┌───────────────▼────────────────────────────┐
     │  ENVÍO DE CONTRATO AL CLIENTE CON ANEXOS   │
     └───────────────┬────────────────────────────┘
                     │
     ┌───────────────▼────────────────────────────┐         ┌──────────────┐
     │ DEVOLUCIÓN DEL CONTRATO Y ANEXOS LEGALIZADOS│────────│  Devolución  │
     └───────────────┬────────────────────────────┘         │ del contrato │
                     │                                       │  al cliente  │
     ┌───────────────▼────────────────────┐                  └──────▲───────┘
     │ VERIFICACIÓN DEL CONTRATO CON ANEXOS│                        │
     └───────────────┬────────────────────┘                        │
                     │                                              │
                   ╱   ╲                                            │
                 ╱       ╲                                          │
                ╱CORRECCIÓN╲──────NO─────────────────────────────────┘
                 ╲       ╱
                   ╲   ╱
                    SÍ
                     │
                    (B)
```

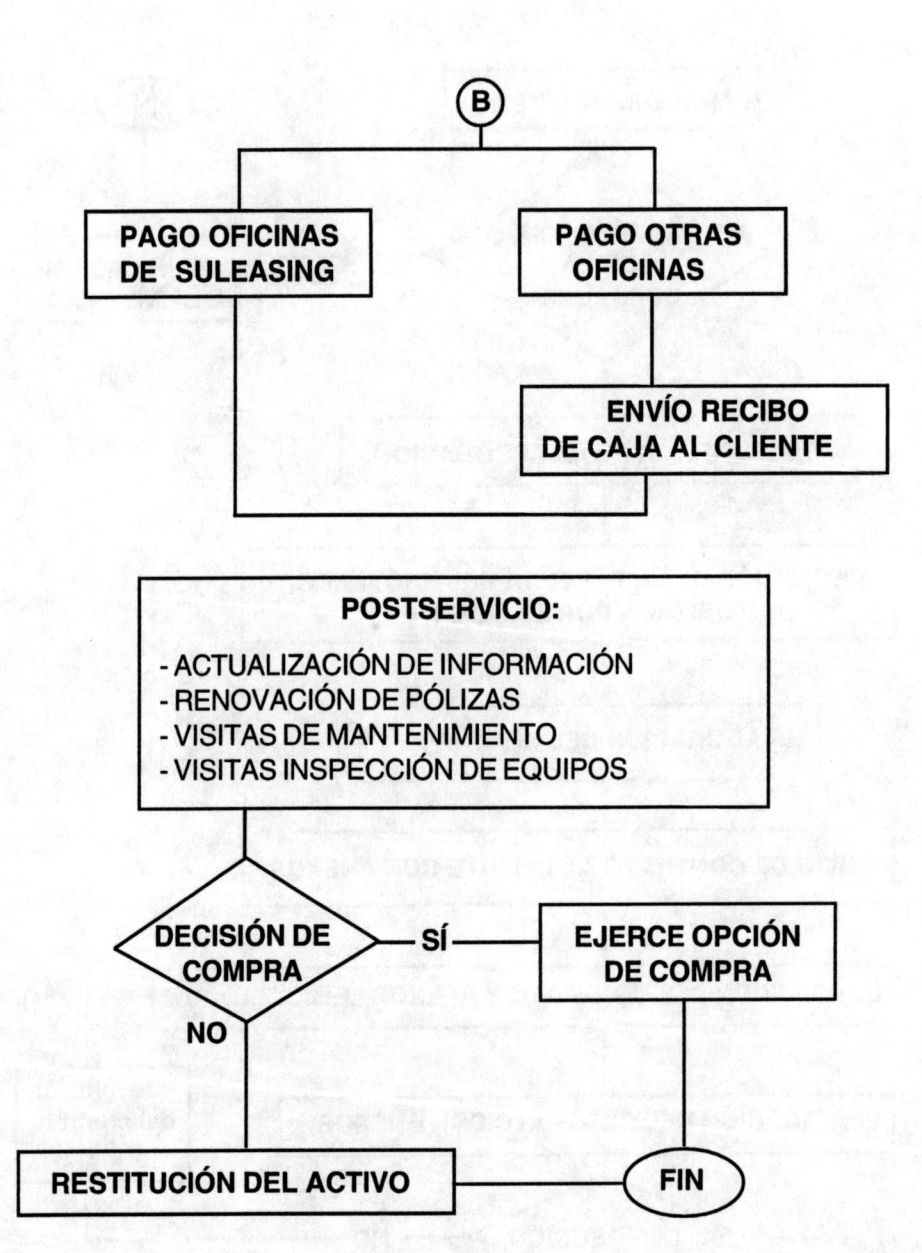

```
                          ( B )
              ┌─────────────┴─────────────┐
   ┌──────────────────┐          ┌──────────────────┐
   │  PAGO OFICINAS   │          │   PAGO OTRAS     │
   │   DE SULEASING   │          │     OFICINAS     │
   └──────────────────┘          └──────────────────┘
            │                             │
            │                  ┌──────────────────┐
            │                  │   ENVÍO RECIBO   │
            │                  │ DE CAJA AL CLIENTE│
            │                  └──────────────────┘
            └──────────────┬──────────────┘
                           │
```

┌───┐
│ **POSTSERVICIO:**   │
│   │
│ - ACTUALIZACIÓN DE INFORMACIÓN   │
│ - RENOVACIÓN DE PÓLIZAS   │
│ - VISITAS DE MANTENIMIENTO   │
│ - VISITAS INSPECCIÓN DE EQUIPOS   │
└───┘

DECISIÓN DE COMPRA ──SÍ── **EJERCE OPCIÓN DE COMPRA**

NO

RESTITUCIÓN DEL ACTIVO ──── **FIN**

SERVICIO AL CLIENTE 39

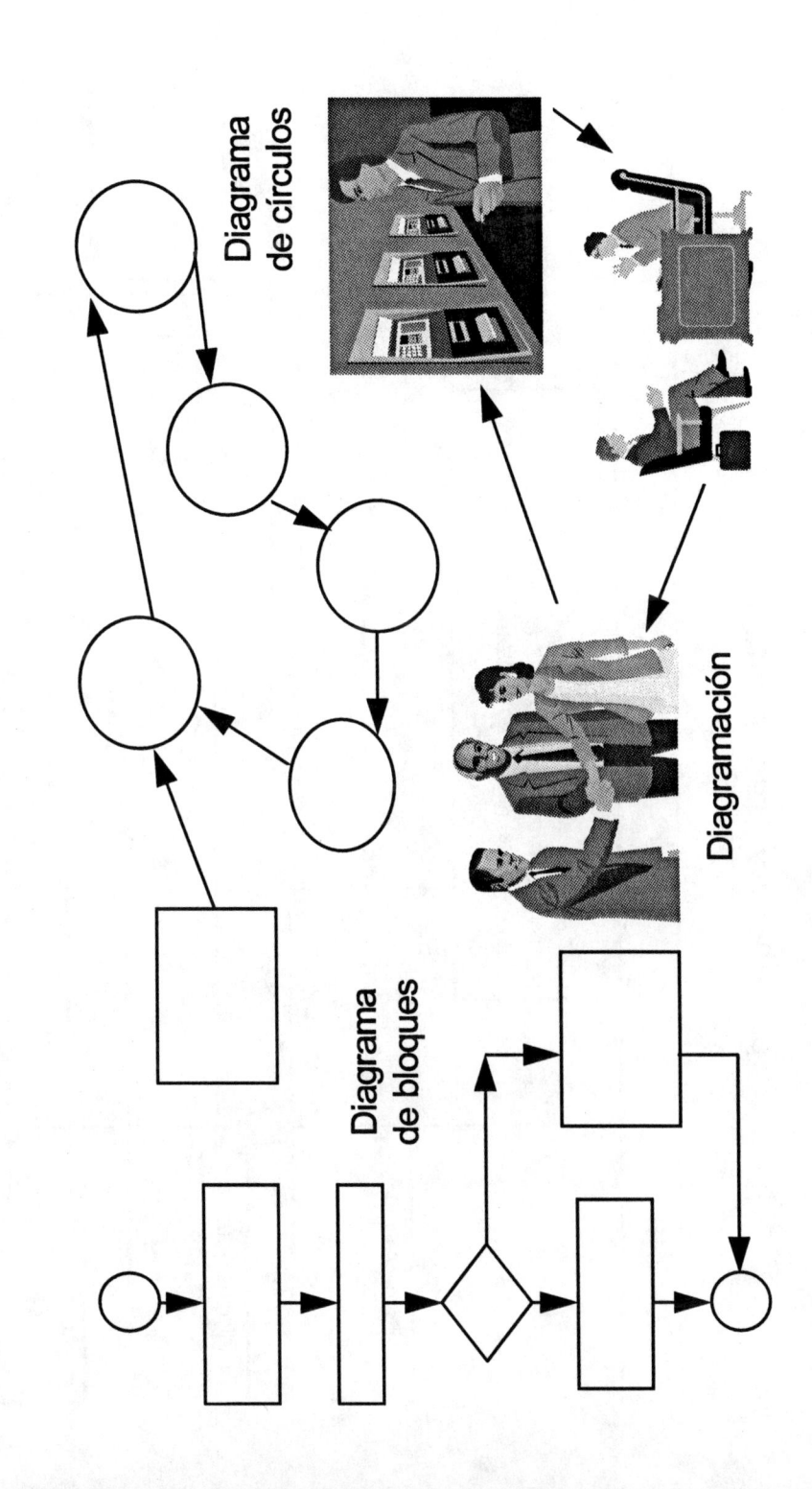

Cuadro No.4 OTROS EJEMPLOS DE MODELOS DE PROCESOS

Diagrama de círculos

Diagramación

Diagrama de bloques

Cuadro No.5 PROCESO CREDITICIO

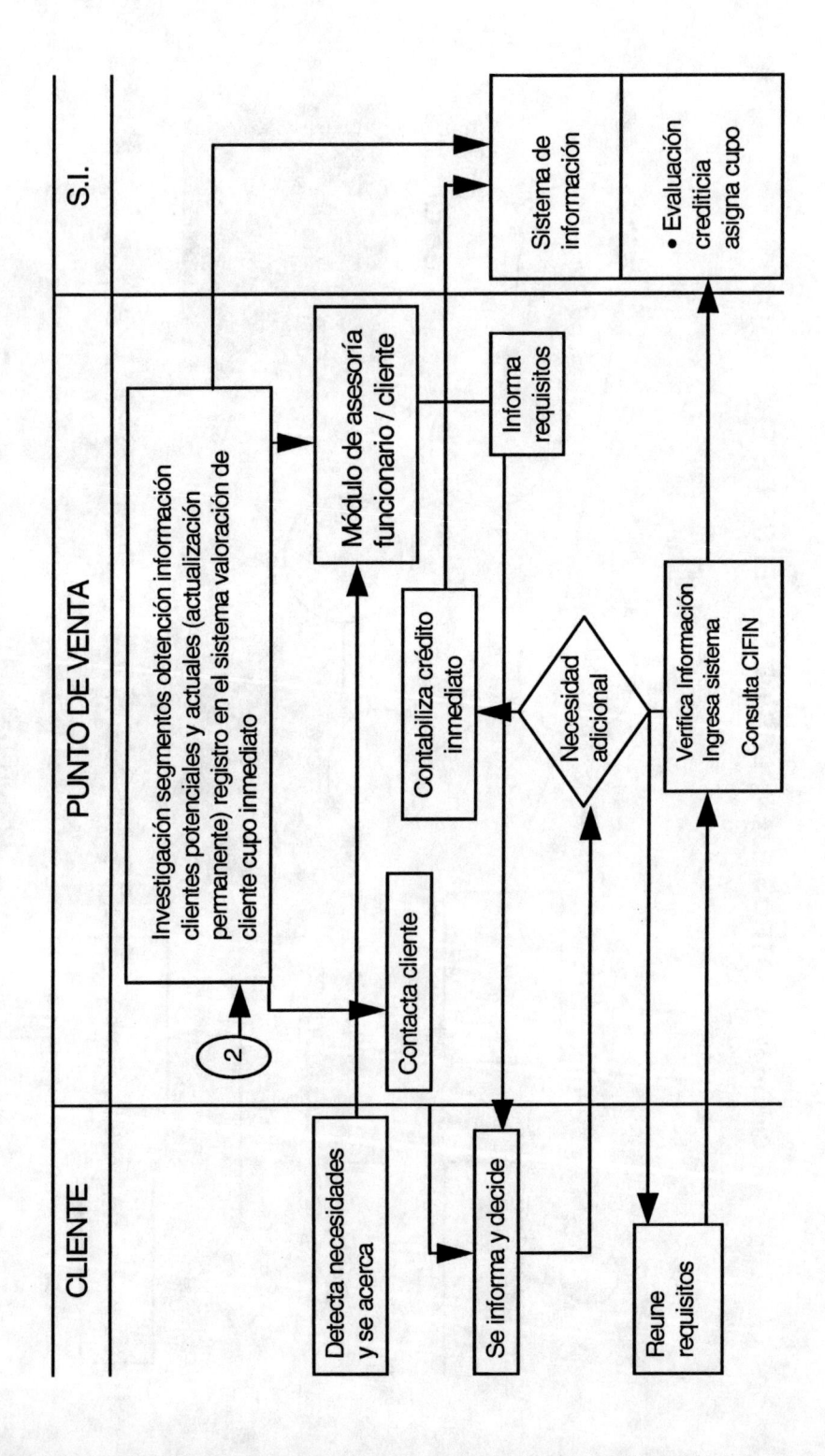

CLIENTE	PUNTO DE VENTA	S.I.
Detecta necesidades y se acerca	Investigación segmentos obtención información clientes potenciales y actuales (actualización permanente) registro en el sistema valoración de cliente cupo inmediato → Módulo de asesoría funcionario / cliente	Sistema de información
	Contacta cliente	
Se informa y decide	Contabiliza crédito inmediato ← Informa requisitos	
	◇ Necesidad adicional	
Reune requisitos	Verifica Información Ingresa sistema Consulta CIFIN	• Evaluación crediticia asigna cupo

(2)

SERVICIO AL CLIENTE   41

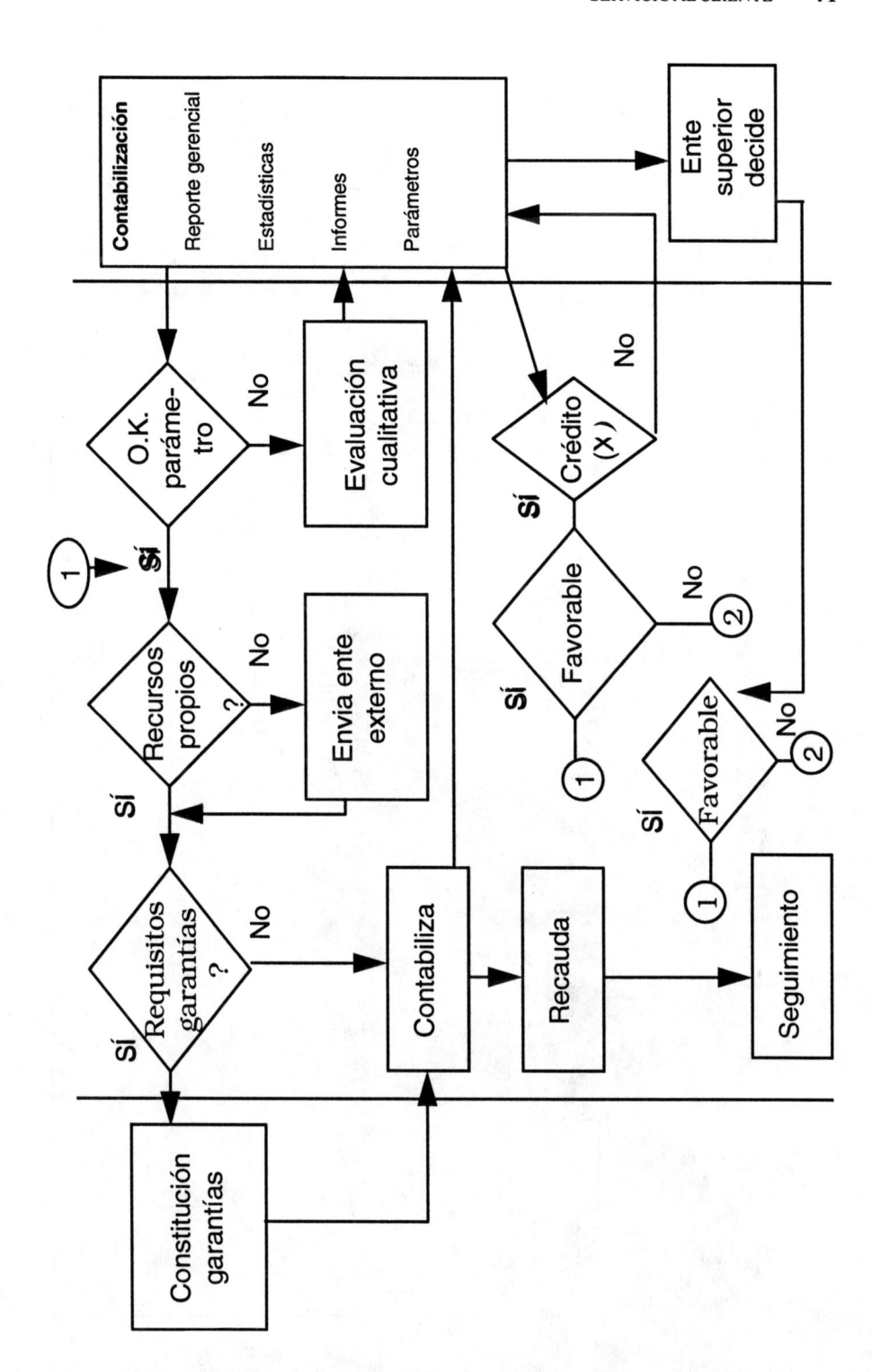

Contabilización
- Reporte gerencial
- Estadísticas
- Informes
- Parámetros

```
Contabilización → O.K. parámetro → No → Evaluación cualitativa
         Sí ↓
    ① → Recursos propios? → No → Envía ente externo
         Sí ↓
         Requisitos garantías? → No → Contabiliza → Recauda → Seguimiento
         Sí ↓
         Constitución garantías → Contabiliza

Crédito (X) → No → Ente superior decide
     Sí ↓
     Favorable → No → ②
     Sí ↓
     ①

Favorable → No → ②
     Sí ↓
     ①
```

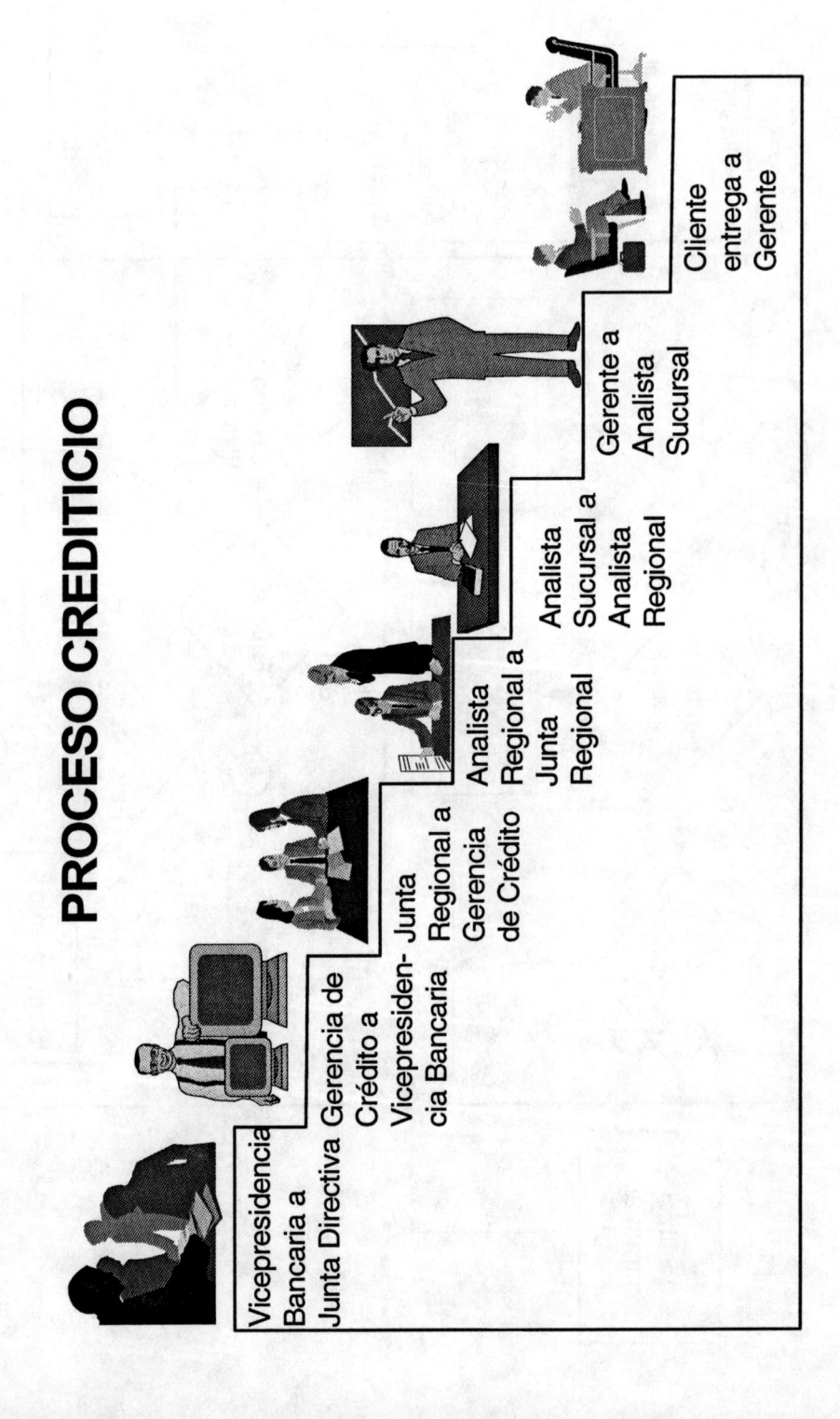

PROCESO CREDITICIO

- Vicepresidencia Bancaria a Junta Directiva
- Gerencia de Crédito a Vicepresidencia Bancaria
- Vicepresidencia Bancaria - Junta
- Analista Regional a Gerencia de Crédito
- Analista Regional a Junta Regional
- Analista Sucursal a Analista Regional
- Gerente a Analista Sucursal
- Cliente entrega a Gerente

SERVICIO AL CLIENTE 43

Cuadro No.6 REINVENTADO PROCESO CREDITICIO

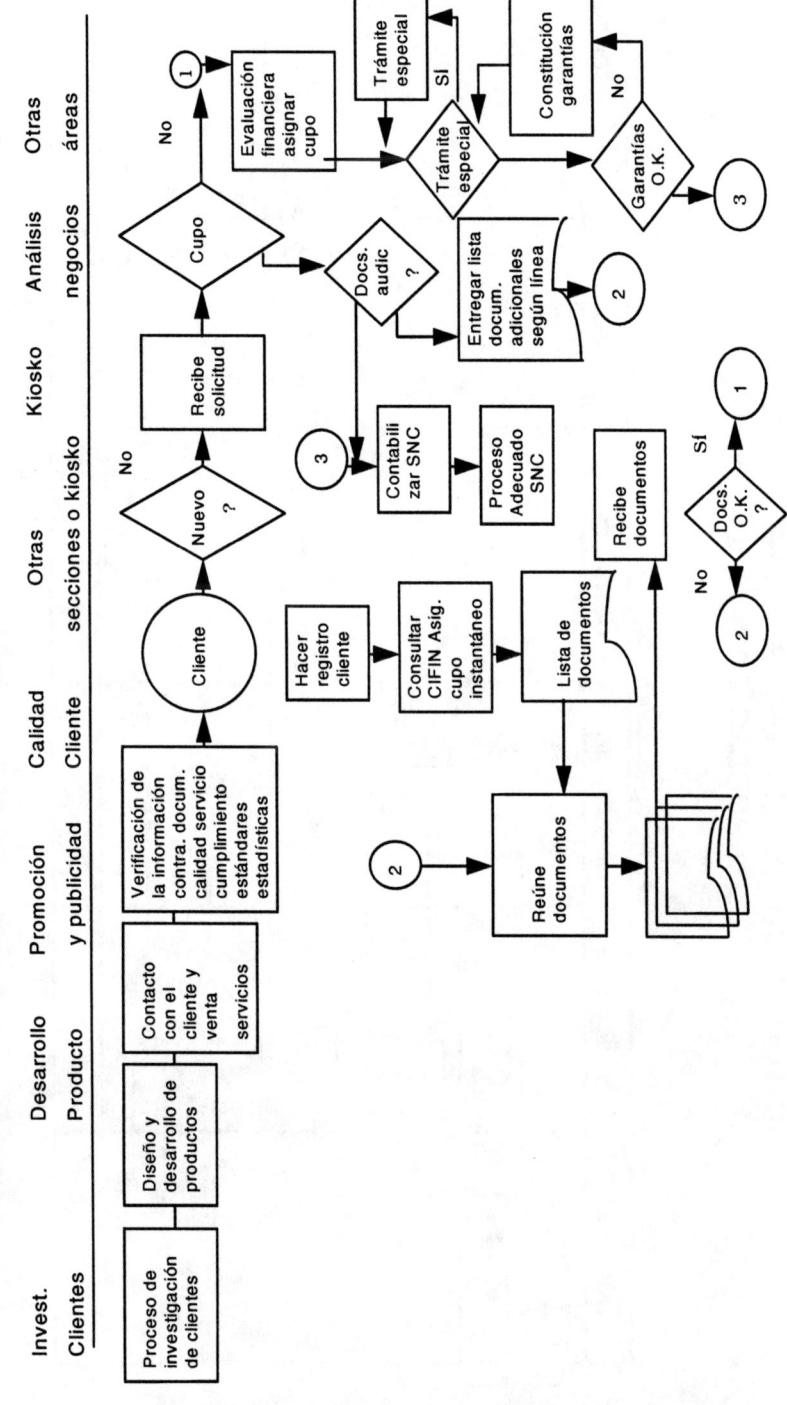

Invest. Clientes	Desarrollo Producto	Promoción y publicidad	Calidad Cliente	Otras secciones o kiosko	Kiosko	Análisis negocios	Otras áreas

- Proceso de investigación de clientes
- Diseño y desarrollo de productos
- Contacto con el cliente y venta servicios
- Verificación de la información contra. docum. calidad servicio cumplimiento estándares estadísticas
- Cliente
- Nuevo ?
  - No → Recibe solicitud → Cupo
    - No → Evaluación financiera asignar cupo → 1
    - Sí → Trámite especial ?
      - Sí → Trámite especial
      - No → Garantías O.K.
        - Sí → 3
        - No → Constitución garantías
  - Docs. audic ?
    - Entregar lista docum. adicionales según línea → 2
  - 3 → Contabilizar SNC → Proceso Adecuado SNC
- Hacer registro cliente → Consultar CIFIN Asig. cupo instantáneo → Lista de documentos
- 2 → Reúne documentos → Recibe documentos → Docs. O.K.?
  - Sí → 1
  - No → 2

44   *MÉTODOS DE AUDITORÍA Y MEDICIÓN*

**Cuadro No.7   COMPRAS Y PAGOS - DIAGNÓSTICO
PROCESO COMPLEJO**

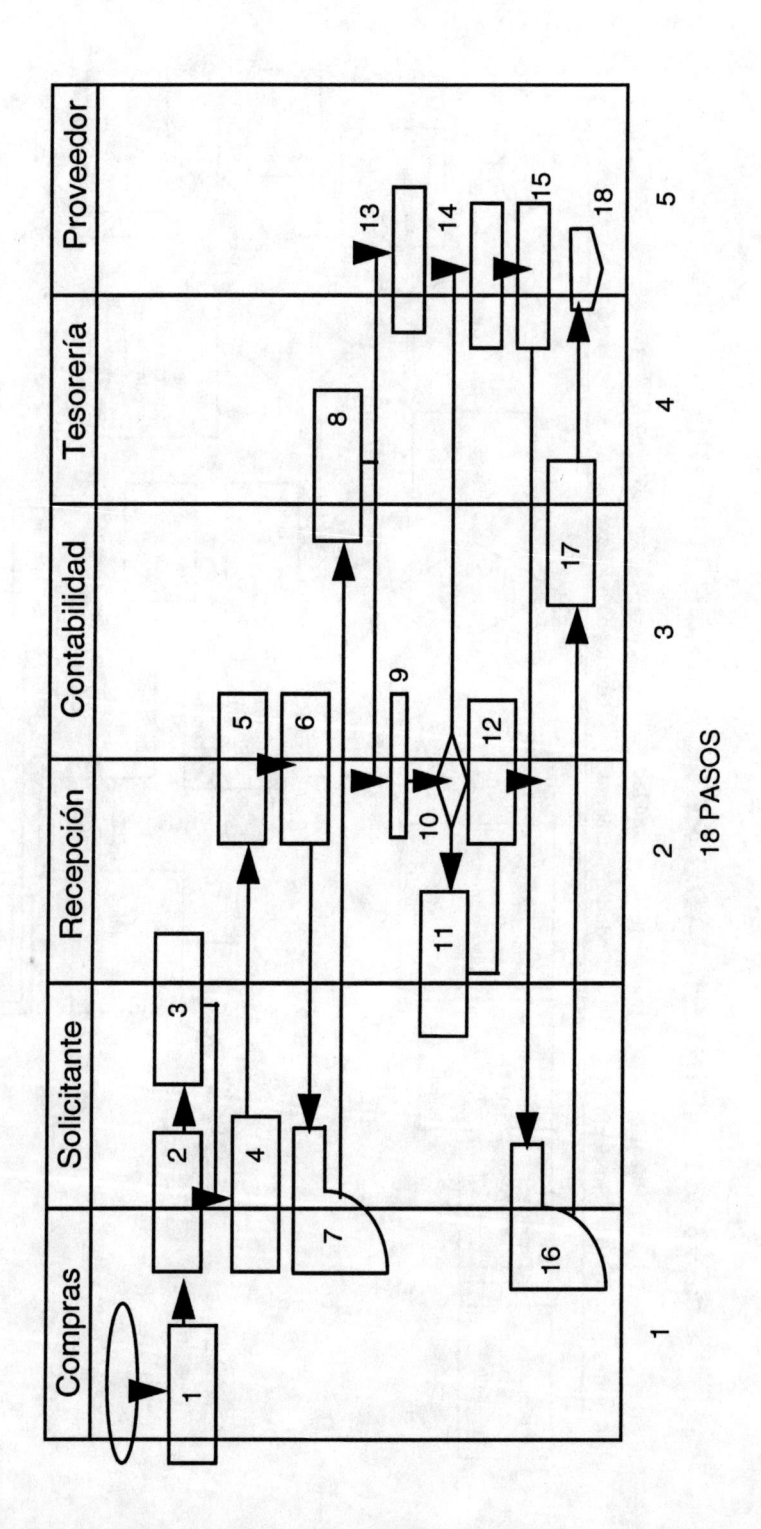

	Compras	Solicitante	Recepción	Contabilidad	Tesorería	Proveedor
	1	2, 3, 4, 7		5, 6		
				9, 10, 12	8	13, 14, 15, 18
		16	11	17		

1   2   3   4   5

18 PASOS

SERVICIO AL CLIENTE 45

Cuadro No.8 FLUJO DE MATERIALES - DIAGNÓSTICO

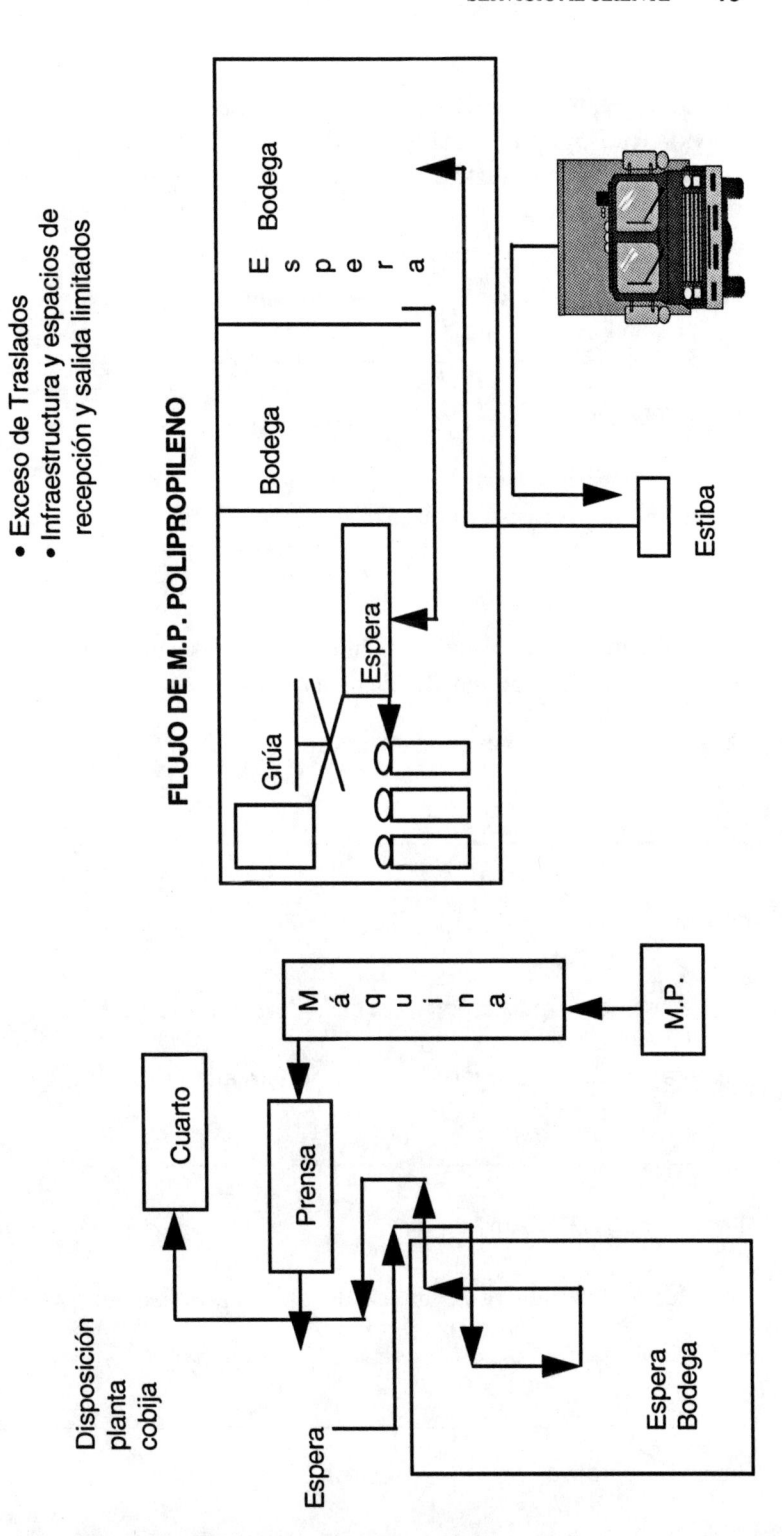

- Exceso de Traslados
- Infraestructura y espacios de recepción y salida limitados

FLUJO DE M.P. POLIPROPILENO

Un concepto específico por evaluar se puede convertir, de acuerdo con su importancia, en un concepto general, el cual se analizará en términos de sus conceptos específicos correspondientes. Por ejemplo, máquinas se puede convertir en concepto general, cuyos conceptos específicos serían: teléfonos, fax, computadores, agilizadores y cajeros electrónicos.

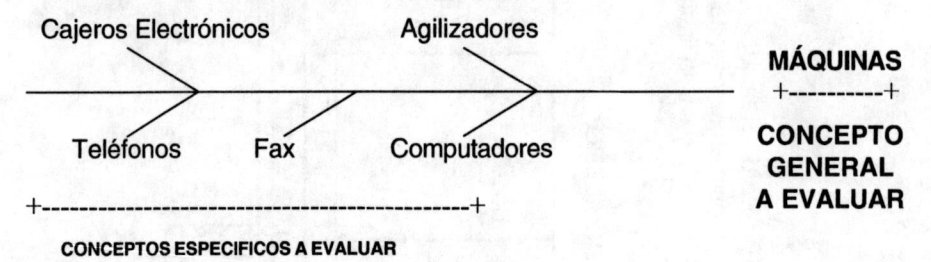

```
    Cajeros Electrónicos      Agilizadores
         \                         \
          \                         \                    MÁQUINAS
           >                         >                   +----------+
          /                         /                    CONCEPTO
         /                         /                     GENERAL
    Teléfonos      Fax        Computadores               A EVALUAR
+------------------------------------------+
    CONCEPTOS ESPECIFICOS A EVALUAR
```

Ejemplo de aplicación:

Consideremos dentro del portafolio de servicios bancarios el producto crédito, el cual es ofrecido por una oficina de una entidad financiera. Veamos:

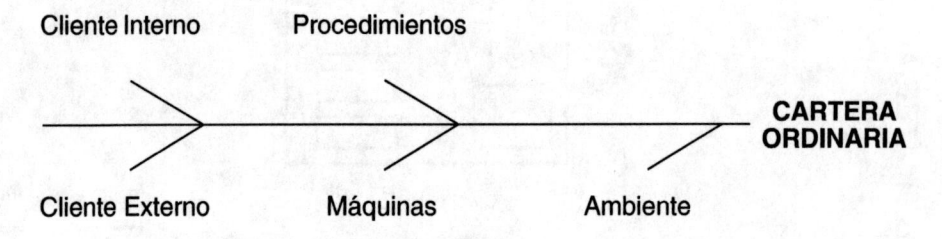

```
  Cliente Interno       Procedimientos

                                                        CARTERA
                                                        ORDINARIA

  Cliente Externo          Máquinas          Ambiente
```

El cliente interno que participa del ciclo del servicio de crédito es:

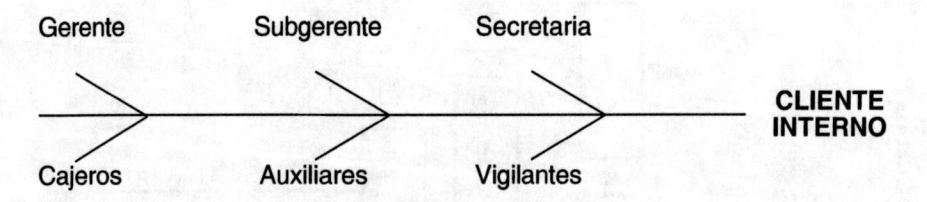

```
  Gerente           Subgerente        Secretaria

                                                        CLIENTE
                                                        INTERNO

  Cajeros           Auxiliares        Vigilantes
```

Los clientes externos a quienes está dirigido el producto de crédito son:

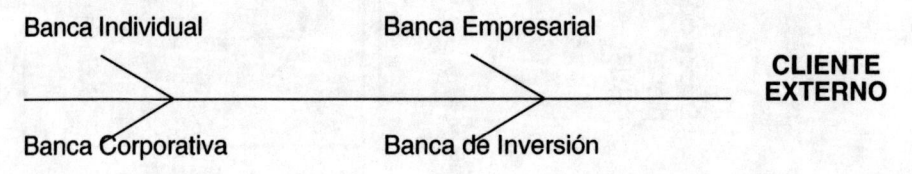

```
  Banca Individual          Banca Empresarial

                                                        CLIENTE
                                                        EXTERNO

  Banca Corporativa         Banca de Inversión
```

Los procedimientos para obtener crédito en la institución evaluada son:

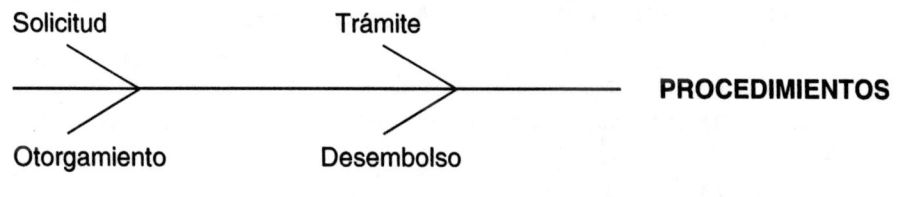

```
Solicitud          Trámite
      \               \
       \               \
   ─────>──────────────>──────────── PROCEDIMIENTOS
       /               /
      /               /
Otorgamiento       Desembolso
```

Las máquinas cuya funcionalidad se evalúa en el ciclo del servicio de crédito son:

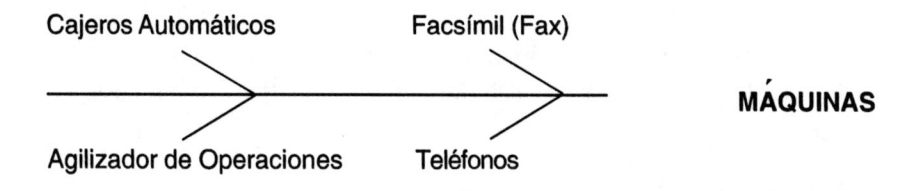

```
Cajeros Automáticos    Facsímil (Fax)
       \                   \
        \                   \
   ─────>───────────────────>──────── MÁQUINAS
        /                   /
       /                   /
Agilizador de Operaciones  Teléfonos
```

Los aspectos que se analizan del ambiente en el cual se ofrece el producto crédito son:

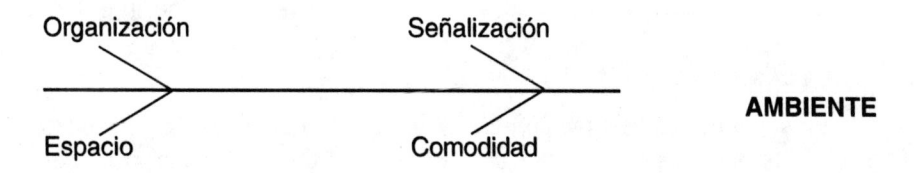

```
Organización          Señalización
      \                   \
       \                   \
   ─────>───────────────────>──────── AMBIENTE
       /                   /
      /                   /
Espacio                Comodidad
```

4.1.5. Cómo obtener los conceptos por evaluar del ciclo del servicio

El análisis de cada momento de verdad, realizado con las técnicas anteriormente descritas, permite identificar los conceptos por evaluar del ciclo del servicio. Para ello, deben responderse las siguientes preguntas:

PREGUNTAS PARA DETERMINAR LOS CONCEPTOS POR EVALUAR

- ¿ **Quién** interactúa con el cliente ?
- ¿ **Cómo y cuándo** interactúa ?
- ¿ **Dónde** interactúa ?

La interacción con el cliente en un punto de contacto determinado (momento de verdad), tiene un objetivo definido, el cual se convierte, de acuerdo con su efectividad, en una característica de calidad real del servicio ofrecido.

En un punto de contacto con el cliente, determinar la característica de *calidad real* del servicio está definido por el logro del objetivo planteado en la pregunta:

> ¿ **Para qué** se realiza la interacción ?

El *para qué* del diagrama causa/efecto del análisis de un momento de verdad es el resultado de las actividades que conforman un ciclo del servicio, descritas en el diagrama de flujo.

De esta manera se puede esquematizar el análisis de la interacción con el cliente, respondiendo las siguientes preguntas:

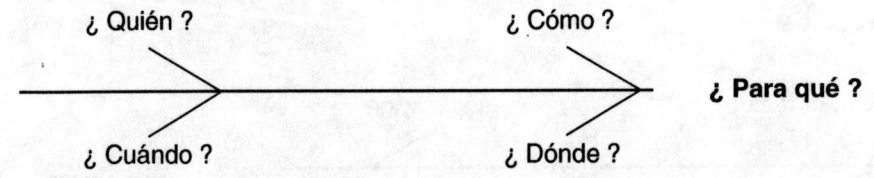

¿ Quién ? ¿ Cómo ?

¿ Para qué ?

¿ Cuándo ? ¿ Dónde ?

Este esquema de representación permite analizar cada momento de verdad del ciclo del servicio, de forma que se disponga del conjunto conceptual por evaluar, el cual será incluido en las respectivas herramientas de la auditoría del servicio.

Ejemplo de aplicación:

Consideremos el proceso de ofrecer información sobre las líneas de crédito por parte del subgerente de una oficina, en una institución financiera, para lo cual se debe responder:

¿Para qué?   Mantener informado al cliente sobre las líneas de crédito que se ofrecen.

¿ Quién ?   La información la ofrece el subgerente.

¿ Cómo ?   Mediante la atención personal.

Por medio de folletos y plegables.

¿Cuándo?   En el momento de solicitud por parte del cliente.

¿Dónde ?   En la oficina del subgerente.

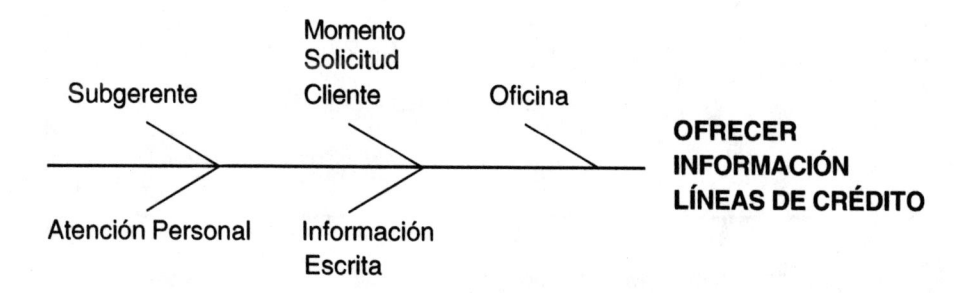

```
                         Momento
                         Solicitud
     Subgerente          Cliente         Oficina
                                                        OFRECER
         \         \         \              INFORMACIÓN
          ─────────▶─────────▶─────────           LÍNEAS DE CRÉDITO
         /         /
     Atención Personal   Información
                         Escrita
```

Por tanto, la lista de conceptos por evaluar es:

1. Calidad del contacto entre el cliente y el subgerente.

2. Calidad de la información escrita recibida por el cliente.

3. Calidad de la asesoría que ofrece el cliente interno.

4. Facilidad y agilidad para obtener información.

5. Presentación del ambiente en el cual el cliente es atendido.

6. Servicio de posventa, recibido por el cliente.

El listado de los conceptos obtenidos mediante el análisis anterior sirve de base para definir cuáles se incluirán en los instrumentos que se utilizarán en la auditoría del servicio.

4.1.6. Definir la organización de la auditoría

A. Defina la empresa estudiada:

 a. Responsables directos

 b. Personal de soporte

> **B. Defina el grupo asesor:**
>
> a. Personal de planeación y diseño.
>
> b. Grupo de trabajo de campo.
>
> c. Grupo de procesamiento de datos.
>
> d. Personal de análisis y documentación.

4.1.6.1. Marco conceptual de la organización de la auditoría

Para llevar a cabo la auditoría del servicio se requiere definir la estructura del personal que participa en ésta. Con este fin se consideran dos grupos:

A. Grupo de desarrollo

Personal externo o interno de la organización evaluada, el cual se presenta como grupo asesor. Es responsable de planear, obtener información, procesarla, analizarla y documentar la auditoría del servicio.

El grupo de desarrollo se especializa según las responsabilidades que le competen, tomando como referencia la metodología de la auditoría, así:

1. Personal de planeación y diseño de la auditoría.

El personal de planeación y diseño es responsable de:

a. Definir los objetivos de la auditoría.

b. Determinar la información básica del cliente.

c. Realizar el análisis del ciclo del servicio, utilizando las técnicas antes descritas.

d. Definir la organización de la auditoría del servicio.

e. Diseñar la muestra.

f. Definir y seleccionar las herramientas de medición de la auditoría, de acuerdo con los segmentos de clientes estudiados.

g. Establecer los elementos que van a ser evaluados, de acuerdo con el análisis de los ciclos del servicio y los momentos de verdad.

h. Diseñar las herramientas de medición; en otras palabras: definir la estructura y el contenido de los instrumentos de medición.

i. Planear el trabajo de campo.

2. Grupo de trabajo de campo.

El personal que conforma el grupo de trabajo de campo es responsable de la aplicación de las herramientas de medición definidas para la auditoría del servicio.

El personal de trabajo de campo considera:

a. Supervisores : Responsables del seguimiento, control y evaluación del trabajo de campo.

b. Encuestadores: Responsables de aplicar las herramientas de medición de la auditoría del servicio.

Un encuestador que pertenece al grupo de trabajo de campo deberá cumplir los siguientes requisitos:

a. Ser ajeno a la organización, con el propósito de facilitar la libre opinión de los clientes entrevistados.

b. Manejar el tema sobre el cual versa la auditoría.

c. Poseer habilidades como entrevistador.

d. Tener excelente presentación personal.

e. Ser imparcial, idóneo y honesto.

f. Poseer madurez, seriedad e interés.

3. Procesamiento de datos.

Personal responsable de la codificación, tabulación y procesamiento de los datos obtenidos en la aplicación de la auditoría del servicio.

El grupo de procesamiento de datos incluye:

a. Supervisores: Responsables de la planeación, codificación, seguimiento y evaluación de la calidad informativa que genera la auditoría del servicio.

b. Digitadores: responsables de la captura de datos en herramientas aplicadas en la auditoría.

Para la supervisión del procesamiento de datos, se deben tener conocimientos en estadística y ser experto en la metodología para el cálculo de los índices de satisfacción del cliente. Además, presentarse como una persona imparcial, honesta y seria.

4. Personal de análisis y documentación.

El personal de análisis y documentación de la auditoría del servicio es responsable de estudiar los resultados obtenidos en el procesamiento de datos.

Su perfil es similar al planteado para el personal de planeación y diseño, pues normalmente son las mismas personas.

Adicionalmente, para el personal de planeación, el análisis y documentación exige conocimento de los parámetros que se utilizan para categorizar la información procesada, como son: los índices perceptivos, reales, comerciales, de imagen, infraestructura, entre otros; así como, claridad en lo considerado como un factor generador de satisfacción o insatisfacción.

GRUPO DE DESARROLLO

1. Personal de planeación y diseño.
2. Grupo de trabajo de campo.
3. Procesamiento de datos.
4. Personal de análisis y documentación.

B. Grupo de soporte

Personal de la organización que apoya directa o indirectamente el desarrollo de la auditoría del servicio; se clasifica en:

1. Responsables directos.

El personal de la empresa estudiada es responsable de proveer la información requerida para realizar la auditoría.

El personal responsable de la auditoría participa directamente en el ciclo del servicio; así mismo, resulta fundamental que tenga claridad sobre la competencia directa de la entidad y sobre los factores claves de éxito para lograr la calidad en el servicio que se plantea.

2. Personal de soporte.

Personal de la organización auditada, ejecutivos de cuenta, oficiales de crédito o gerentes, cuyo objetivo es servir de soporte al personal de desarrollo, con el propósito de facilitar y validar la auditoría del servicio.

El perfil del personal de soporte presenta como condición necesaria una amplia experiencia en el ciclo del servicio de la organización evaluada; además, se debe considerar que las personas participantes de este grupo tengan autoridad para definir las características de los clientes y del sector al cual pertenece la compañía.

GRUPO DE SOPORTE

1. Responsables directos.

2. Personal de soporte.

4.1.7. Establecer y diseñar la herramienta de medición

4.1.7.1. Actividades para el diseño de las herramientas de medición

1. Retome los conceptos de referencia del análisis del ciclo del servicio, realizado según la metodología presentada anteriormente.

2. Del análisis del ciclo del servicio y de los momentos de verdad, ejecutado anteriormente, elabore un listado general de preguntas que le servirán de base para diseñar las herramientas. Éstas pueden ser preguntas abiertas, que posteriormente se rediseñan según la herramienta de evaluación seleccionada.

3. Defina la(s) herramienta(s) de medición base de la auditoría.

4. Establezca el objetivo de cada herramienta de medición.

5. Estructure cada herramienta de medición con base en las preguntas abiertas obtenidas.

4.1.7.2. Marco conceptual del diseño de la herramienta de medición

Los conceptos de referencia obtenidos en el análisis del ciclo del servicio se convierten en el punto de partida para obtener el conjunto de preguntas abiertas, que son la base para diseñar las herramientas de medición de la auditoría del servicio.

Anteponer adjetivos adecuados a cada concepto de referencia como agilidad, oportunidad, amabilidad, etc, permite la obtención del conjunto de preguntas abiertas. Por ejemplo: ¿ Qué tan satisfecho se encuentra usted con la agilidad en la atención de los cajeros de una oficina ?, ¿ Qué tan satisfecho se encuentra usted con la oportunidad en la entrega de extractos por parte de la institución financiera con la que tiene relaciones comerciales?, etc.

La metodología planteada puede llevar a que se presenten redundancias; es decir, se puede formular más de una pregunta sobre el mismo aspecto, lo cual se puede evitar haciendo una revisión del conjunto de preguntas obtenidas, de manera que se busque la unidad en la evaluación de los conceptos estudiados. Por tanto, evitar la duplicidad de evaluación sobre el mismo concepto o aspecto es muy importante.

De esta manera, se podrá disponer de preguntas necesarias para evaluar las diferentes características de calidad del ciclo del servicio estudiado y obtener así el menor pero suficiente número de preguntas de evaluación.

Las herramientas de la auditoría deben ser lo más cortas y puntuales posible, orientadas a evaluar la calidad del servicio. Esta característica es la diferencia con la auditoría o investigación de mercados.

Para facilitar la elaboración de las herramientas de medición, las preguntas se pueden agrupar de tres (3) formas, a saber:

a. *Por concepto:*

Preguntas clasificadas según el factor que evalúan: perceptivo, producto, postventa, imagen corporativa, entre otros.

b. *De acuerdo con el ciclo del servicio:*

Preguntas que se presentan siguiendo el ciclo del servicio.
Por ejemplo:
* Apertura de cuenta corriente.
* Constitución de garantías.
* Manejo de reclamos.
* Apertura y aprobación de créditos.
* Combinado.

c. Preguntas combinadas por conceptos y ciclo del servicio, las cuales se deben manejar independientemente en el instrumento.

4.1.7.3. Herramientas de medición de la auditoría del servicio

Los instrumentos de medición que se pueden aplicar en la auditoría del servicio están definidos de acuerdo con el soporte que le ofrecen a los objetivos del estudio.

De esta manera, se obtienen tres (3) grupos de instrumentos de medición:

1. Las herramientas de base para la definición de índices de competitividad y de satisfacción del cliente, las cuales se caracterizan por estar conformadas por un conjunto de preguntas cerradas.

2. Los métodos de recolección de información que facilitan la definición de los factores generadores de satisfacción e insatisfacción y de las necesidades y expectativas del cliente, los que a su vez se estructuran con base en preguntas abiertas.

3. Las herramientas combinadas, que incluyen tanto preguntas abiertas como preguntas cerradas, las que procuran con un solo instrumento cumplir los objetivos planteados en la auditoría del servicio.

Los ejemplos correspondientes a los diferentes instrumentos de medición se presentan al explicar cada uno de ellos.

4.1.7.4. Herramientas que definen índices de competitividad y de satisfacción del cliente

Objetivo.

Facilitar la obtención de índices de competitividad y satisfacción del cliente, con base en cuestionarios conformados por un conjunto de preguntas cerradas, que evalúan el ciclo del servicio de la organización auditada.

Descripción

Los cuestionarios que se utilizan para determinar índices de competitividad y satisfacción del cliente son formatos redactados en forma de interrogatorio, de los cuales se obtiene información sobre las características del ciclo del servicio que se evalúa.

Estos cuestionarios se aplican en forma individual, de manera personal, por correo o por teléfono.

El diseño del cuestionario se fundamenta en el análisis del ciclo del servicio evaluado y se estructura con base en el marco conceptual del diseño de la herramienta de medición, presentado en párrafos anteriores.

Las preguntas que se presentan en el cuestionario son cerradas y se clasifican en:

1. *Preguntas calificativas.* Son aquellas que evalúan la calidad de un atributo del servicio o determinan el grado de importancia de una necesidad o expectativa que plantea el cliente. Por ejemplo:

    a. Califique de 1 a 5 la calidad de información escrita que ofrece el banco, con respecto a las líneas de crédito, siendo 1 la más baja calidad y 5 la expresión de una excelente calidad: _____

    b. Califique de 1 a 5 el nivel de importancia de la atención personalizada para los clientes de banca empresarial, siendo 1 el nivel de importancia más bajo y 5 el nivel más alto: _____

2. *Preguntas de respuesta múltiple.* Son aquellas que le ofrecen al cliente más de dos (2) alternativas de selección de su respuesta, con respecto a una característica de calidad del servicio evaluada.

Estas preguntas presentan, entre otras, las siguientes alternativas de respuesta, de acuerdo con su contenido:

    a. Siempre   ____
        Casi siempre   ____
        Algunas veces   ____
        Nunca   ____

    b. Muy bueno   ____
        Bueno   ____
        Regular   ____
        Malo   ____
        Muy malo   ____

c. Totalmente ___
   Parcialmente ___
   No conoce ___

d. Muy satisfecho ___
   Satisfecho ___
   Indiferente ___
   Insatisfecho ___
   Muy insatisfecho ___

3. *Preguntas dicotómicas.* También llamadas preguntas de selección forzada, son aquellas que ofrecen al cliente dos (2) alternativas de selección de su respuesta.

   Entre éstas tenemos:

   a. Verdadero ( )   b. Sí ( )

       Falso   ( )   No ( )

Desde la perspectiva de la auditoría del servicio, las preguntas que más se utilizan son de selección múltiple, fundamentadas en la evaluación de la satisfacción del cliente, y las preguntas dicotómicas, las cuales se presentan como preguntas filtro o de control en los cuestionarios definidos.

Actividades para desarrollar la herramienta

Para estructurar un cuestionario de base con el propósito de realizar el análisis cuantitativo de la auditoría del servicio, se debe:

1. Definir el encabezado del cuestionario, que incluye la información básica del cliente y el encuestador, como puede ser: nombre del grupo que realiza la auditoría, nombre del cliente, edad, sexo, estado civil, dirección, nombre del encuestador, del supervisor, fecha, entre otros.

2. Definir el objetivo del cuestionario y la importancia de la auditoría, para la organización evaluada y sus clientes.

3. Establecer las instrucciones para diligenciar el cuestionario, en forma clara y concisa, dándole preponderancia al carácter confidencial de la auditoría y la importancia de la veracidad de las respuestas del cliente.

4. Elaborar el cuerpo del cuestionario, con base en el marco conceptual del diseño de las herramientas de medición de la auditoría, presentado anteriormente.

Requerimientos de la herramienta

1. Las preguntas del cuestionario deben ser claras y concretas.
2. El espacio para responder las preguntas debe ser suficiente.
3. El cuestionario no debe ser muy extenso, pues dificulta el trabajo de campo y la tabulación posterior.
4. El vocabulario usado para escribir una pregunta debe estar acorde con la jerga y el nivel de comprensión de los clientes que emitirán su concepto sobre la calidad del servicio que reciben.
5. Cada pregunta debe estar asociada a una característica de calidad del servicio que se desea evaluar.
6. No se deben incluir preguntas con doble sentido o que sugieran su respuesta.
7. Evitar presentar preguntas en forma negativa.
8. Es adecuado incluir preguntas de control, con respecto al concepto que emite el cliente, con el propósito de detectar información que no sea confiable dentro de la auditoría.
9. El cuestionario debe ser interesante para el cliente, de manera que se facilite el proceso de recolección de información.

Clasificación de las herramientas

Los cuestionarios que se utilizan para determinar los índices de competitividad y satisfacción del cliente se clasifican en:

A. **La encuesta.**
B. **La clisa: cliente satisfecho.**
C. **El cliente incógnito.**
D. **La encuesta por correo.**
E. **La teleauditoría.**
F. **La observación "in situ".**

A. La encuesta

Objetivo

Su objetivo es evaluar el ciclo del servicio de manera exhaustiva, tomando como referencia el listado de preguntas obtenido en el proceso de diseño de las herramientas de medición.

Descripción

Se caracteriza por ser un cuestionario elaborado, el cual evalúa los momentos de verdad correspondientes al ciclo del servicio de la organización auditada.

Para definir una encuesta en la auditoría del servicio, se deben llevar a cabo las siguientes actividades:

1. Retomar el conjunto de preguntas de referencia para el diseño de las herramientas de medición de la auditoría.

2. Estructurar la encuesta, considerando todo el conjunto de preguntas obtenidas en la actividad anterior, con el propósito de evaluar los momentos de verdad del ciclo en la empresa auditada.

Aplicación

La aplicación de esta herramienta implica entre 20 y 40 minutos, dependiendo de lo extenso del cuestionario, lo que hace necesario la utilización de citas previas para la recolección de información por este método.

ENCUESTA

1. Características de la empresa

Esta parte del cuestionario se refiere a información general de su empresa, cubriendo aspectos como: ventas, tipo de negocio, sistemas adminsitrativos, los principales productos movilizados y medios de transporte utilizados. Parte de esta información ya ha sido llenada por la empresa. Por favor verifique la información o compleméntela.

1. Número de la encuesta:

2. Nombre de la empresa:

3. Nombre de quien diligencia

    Cargo: _____ Teléfono: _____

4. Nombre del encuestador

    Cargo: _____ Teléfono: _____

5. Dirección sede central

    Plantas: _____
    _____
    _____
    _____

6. Ventas ($ millones):

7. Tipo de negocios:

    Marque con una X sus actividades principales

    COMERCIO ____   INDUSTRIA ____   SERVICIOS ____
         1   2   3

8. Tipo de empresa:

    PRIVADA NACIONAL   PRIVADA INTERNACIONAL   PÚBLICA
          1 ____   2 ____   3 ____

9. Grado de formalidad y desarrollo de los siguientes procesos en su empresa:

   Marque con una X cuál es el grado apropiado

	MUY BAJO	BAJO	MEDIO	ALTO	MUY ALTO
Planeación a más de tres años	____	____	____	____	____
Sistematización	____	____	____	____	____
Calidad Total	____	____	____	____	____

10. Años de experiencia como usuario en transporte internacional de carga:

    Marque con una X el rango apropiado

    EXPERIENCIA

Modo de transporte	Más de 3 años	Menos de 3 años	Sin experiencia
Marítimo	____	____	____
Terrestre internacional	____	____	____
Aéreo internacional	____	____	____
Combinado	____	____	____

11. Productos fundamentales para la gestión de su empresa, que se movilizaron internacionalmente durante el año en curso:

    PRODUCTOS   MODOS

    Exportación   Terrestre Internal. ___   Marítimo ___   Aéreo Internal. ___

    Importación   Terrestre Internal. ___   Marítimo ___   Aéreo Internal. ___

12. Con qué frecuencia embarca usted sus productos más representativos

    Marque con una X los períodos apropiados

FRECUENCIA	IMPORTACIÓN	EXPORTACIÓN
Semanal	____	____
Quincenal	____	____
Mensual	____	____
Trimestral	____	____
Semestral	____	____
Anual o superior	____	____

13. Cuando su empresa importa o exporta, cuáles son los términos de negociación internacional que utiliza en cada uno de los casos:

    Marque con una X los incoterms que utiliza actualmente y los que proyecta utilizar a más de un año

	IMPORTACIÓN		EXPORTACIÓN	
	Hoy	A más de un año	Hoy	A más de un año
Incoterm	___	___	___	___
Exfabrica	___	___	___	___
C & F	___	___	___	___
CIF	___	___	___	___
FOB	___	___	___	___
DDP (A todo costo)	___	___	___	___
Otros (Específique)	___	___	___	___

14. Personas que participan en el análisis y las operaciones de transporte internacional de carga:

    Marque con una X cuáles personas participan en cada una de las tres fases

	FASES		
	Definición de políticas	Selección de transportadores	Ejecución
	1	2	3

Personas
De la empresa
01 Junta directiva o accionistas ___ ___ ___
02 Presidente o gerente general ___ ___ ___
03 Director de mercadeo ___ ___ ___
04 Director de suministros, logística o comercio exterior ___ ___ ___
05 Director administrativo o financiero ___ ___ ___
06 Secretaria ejecutiva ___ ___ ___
07 Analistas o auxiliares ___ ___ ___
08 Otros (específique) ___ ___ ___
Externas a la empresa
09 Fabricantes o compradores del producto ___ ___ ___
10 Agente representante del producto transportado ___ ___ ___
11 Transitarios ___ ___ ___
12 Representantes del transportador ___ ___ ___
13 Agente de aduana ___ ___ ___
14 Almacenadores ___ ___ ___
15 Bancos ___ ___ ___
16 Asesores ___ ___ ___
17 Otros (específique) ___ ___ ___

B. La clisa

Objetivo

El propósito de la clisa (cliente satisfecho) es evaluar el último momento de verdad vivido por el cliente, es decir, determinar la satisfacción de él como resultado de su última interacción con la organización.

Descripción

La clisa se presenta como un cuestionario corto, el cual se aplica inmediatamente después que el cliente ha participado de un momento de verdad, con el objeto de evaluar la percepción de éste sobre la calidad del servicio recibido.

Para definir la clisa en la auditoría del servicio, se deben llevar a cabo las siguientes actividades:

1. Definir el(los) momento(s) de verdad por evaluar, con base en el análisis del ciclo del servicio.

2. Retomar el conjunto referencial de preguntas para el diseño de herramientas en la medición de la auditoría.

3. Estructurarla considerando las preguntas que evalúan los momentos de verdad definidos en la primera actividad.

Aplicación

Este instrumento de medición se aplica en el momento que el cliente sale de la oficina en la cual ha sido atendido, con el propósito de conocer su satisfacción.

En su aplicación, el encuestador dispone de poco tiempo (máximo 5 minutos), razón por la cual debe ser corta, clara y concisa.

CLISA
(CLIENTE SATISFECHO)

Buenos días mi nombre es_____, represento a la firma *Humberto Serna & Asociados*, compañía que ha sido contratada con el propósito de evaluar la calidad del servicio que usted recibe. Agradezco su amable colaboración para lograr este objetivo.

PERFIL DEL ENCUESTADO

BOGOTA-ZONA NORTE ___ BOGOTA-ZONA SUR ___ MEDELLÍN ___
CALI ___ BARRANQUILLA ___ BUCARAMANGA ___ MANIZALES ___
NOMBRE _____ CLIENTE ____ NO CLIENTE ____
TELÉFONO CASA_____ FECHA _____
TELÉFONO OFICINA _____ ENCUESTADOR _____

1. De acuerdo con la experiencia que usted ha tenido con la compañía, ¿cuál es su nivel de satisfacción con respecto al servicio que en general le han ofrecido?

   MS ___   S ___   IND ___   INS ___   MINS ___   NA ___

¿Por qué?_____
_____
_____

2. Cuál es su nivel de satisfacción con la imagen de la compañía en relación con:

	MS	S	IND	INS	MINS	NA
a. Seriedad	___	___	___	___	___	___
b. Respaldo	___	___	___	___	___	___
c. Confianza	___	___	___	___	___	___
d. Solidez	___	___	___	___	___	___
e. Agresividad comercial	___	___	___	___	___	___

3. ¿Cómo evalúa usted los siguientes aspectos, relacionados con las oficinas de la compañía?

	MS	S	IND	INS	MINS	NA
a. Número de oficinas	___	___	___	___	___	___
b. Localización oficina	___	___	___	___	___	___

    c. Disponibilidad de
       estacionamiento   ___ ___ ___ ___ ___ ___
    d. Fachada   ___ ___ ___ ___ ___ ___
    e. Exhibición de publicidad ___ ___ ___ ___ ___ ___
    f. Orden y aseo   ___ ___ ___ ___ ___ ___
    g. Distribución de áreas   ___ ___ ___ ___ ___ ___

Nota: Pregunta **a** - Regular o muy mala- ¿Por qué?
_____
_____
_____

4. Cuál es su grado de satisfacción con respecto a la atención por parte del funcionario de la compañía, en cuanto a:

                                        MS   S   IND   INS   MINS   NA

    a. Amabilidad en la atención   ___ ___ ___ ___ ___ ___
    b. Conocimiento de productos   ___ ___ ___ ___ ___ ___
    c. Capacidad de asesoría   ___ ___ ___ ___ ___ ___
    d. Presentación personal   ___ ___ ___ ___ ___ ___
    e. Disponibilidad del
       funcionario   ___ ___ ___ ___ ___ ___
    f. Calidad de información
       suministrada   ___ ___ ___ ___ ___ ___
    g. Solución a inquietudes   ___ ___ ___ ___ ___ ___

Pregunta **b** - regular o muy mala- ¿Por qué?
_____
_____
_____

Pregunta **c** - regular o muy mala- ¿Por qué?
_____
_____
_____

5. ¿Cómo califica usted las siguientes variables relacionadas con la atención en las filas?

                                        MS   S   IND   INS   MINS   NA

    a. Tiempo de espera para
       ser atendido   ___ ___ ___ ___ ___ ___
    b. Cantidad suficiente de
       cajeros   ___ ___ ___ ___ ___ ___

c. Amabilidad del cajero   ___ ___ ___ ___ ___ ___
   d. Oportunidad en la
      atención   ___ ___ ___ ___ ___ ___
   e. Solución e inquietudes   ___ ___ ___ ___ ___ ___

6. En cuanto a la atención en la fila, de acuerdo con su opinión, cuál es:

   a. Tiempo promedio de espera actual _____
   b. Tiempo adecuado de espera _____

7. Cuál es su grado de satisfacción con respecto a la comunicación telefónica en la compañía en lo que se refiere a: (Sólo clientes)

	MS	S	IND	INS	MINS	NA
a. Facilidad para comunicarse	___	___	___	___	___	___
b. Disponibilidad del funcionario	___	___	___	___	___	___
c. Tiempo de transferencia de la llamada	___	___	___	___	___	___
d. Amabilidad en la atención	___	___	___	___	___	___
e. Calidad de la información suministrada	___	___	___	___	___	___
f. Devolución de la llamada	___	___	___	___	___	___

8. ¿Qué lo motivó a utilizar los servicios de la compañía? (No se lee información de los ítems planteados a continuación. (Sólo clientes)

   a. Amistad con la gerencia   _____
   b. Amistad con otro funcionario   _____
   c. Referencia   _____
   d. Imagen de la organización   _____
   e. Agilidad en los servicios   _____
   f. Publicidad   _____
   g. Tradición   _____
   h. Capacidad tecnológica   _____
   i. Innovación de productos y/o servicios   _____
   j. Servicio personalizado   _____

9. ¿Cuáles de los servicios que ofrece la compañía utiliza usted? (Sólo clientes)

   a. Cuenta corriente   _____
   b. Subediario   _____
   c. Ahorro tradicional   _____

d. Crédito _____
e. CDT _____
f. Certificado día a día _____
g. Tarjeta de Crédito _____

10. ¿Cuál es su nivel de satisfacción con respecto a la cuenta corriente que ofrece la compañía, en lo referente a? (Sólo clientes)

	MS	S	IND	INS	MINS	NA
a. Información suministrada	___	___	___	___	___	___
b. Requisitos de apertura	___	___	___	___	___	___
c. Tiempo de aprobación	___	___	___	___	___	___
d. Tiempo de entrega de chequeras	___	___	___	___	___	___
e. Facilidad de consignaciones	___	___	___	___	___	___
f. Costos de manejo	___	___	___	___	___	___
g. Cupo de sobregiros	___	___	___	___	___	___
h. Cupo de remesas	___	___	___	___	___	___
i. Cupo de canje	___	___	___	___	___	___
j. Tiempo de entrega de los extractos	___	___	___	___	___	___
k. Agilidad en las transacciones	___	___	___	___	___	___
l. Seguridad financiera	___	___	___	___	___	___

¿Cuál de las anteriores variables fue la que más determinó el que usted escogiera este producto?
_____

Comentarios
_____
_____

12. ¿Cómo califica usted los siguientes aspectos relacionados con la cuenta de ahorros tradicional que ofrece la compañía? (Sólo clientes)

	MB	B	R	M	MM	NA
a. Información suministrada	___	___	___	___	___	___
b. Requisitos de apertura	___	___	___	___	___	___
c. Facilidad de retiros y consignaciones	___	___	___	___	___	___
d. Seguridad financiera	___	___	___	___	___	___
e. Tasa de interés	___	___	___	___	___	___
f. Sorteos de ahorros	___	___	___	___	___	___

¿Cuál de las anteriores variables fue la que más determinó que usted escogiera este producto?
_____

Comentarios _____
_____
_____

13. ¿Qué tan satisfecho se encuentra usted con el crédito que ofrece la compañía, en lo relacionado con: (Sólo clientes):

	MS	S	IND	INS	MINS	NA
a. Información suministrada	___	___	___	___	___	___
b. Documentación solicitada	___	___	___	___	___	___
c. Tiempo de aprobación	___	___	___	___	___	___
d. Tiempo de desembolso	___	___	___	___	___	___
e. Cupo de crédito asignado	___	___	___	___	___	___
f. Tasa de interés	___	___	___	___	___	___
g. Plazos concedidos	___	___	___	___	___	___

¿Cuál de las anteriores variables fue la que más determinó el que usted escogiera este producto?
_____

Comentarios
_____
_____
_____

14. ¿Cómo califica usted a los siguientes atributos de los CDT's que ofrece la compañía? (Sólo clientes)

	MB	B	R	M	MM	NA
a. Información suministrada	___	___	___	___	___	___
b. Plazos	___	___	___	___	___	___
c. Requisitos de apertura	___	___	___	___	___	___
d. Tiempo de apertura	___	___	___	___	___	___
e. Tasas de interés	___	___	___	___	___	___

¿Cuál de las anteriores variables fue la que más determinó el que usted escogiera este producto?
_____

Comentarios
_____
_____
_____

15. ¿Cómo califica usted a los siguientes atributos de los certficados Día a Día que ofrece la compañía?: (Sólo clientes)

	MB	B	R	M	MM	NA
a. Información suministrada	___	___	___	___	___	___
b. Plazos	___	___	___	___	___	___
c. Requisitos de apertura	___	___	___	___	___	___
d. Tiempo de apertura	___	___	___	___	___	___
e. Tasas de Interés	___	___	___	___	___	___

¿Cuál de las anteriores variables fue la que más determinó el que usted escogiera este producto?
_____

Comentarios
_____
_____
_____

16. ¿Cómo califica usted a los siguientes atributos de la tarjeta de crédito que ofrece la compañía? (Sólo clientes)

	MB	B	R	M	MM	NA
a. Información suministrada	___	___	___	___	___	___
b. Requisitos de aprobación	___	___	___	___	___	___
c. Tiempo de entrega de tarjeta	___	___	___	___	___	___
d. Tasas de interés	___	___	___	___	___	___
e. Tiempo de entrega extractos	___	___	___	___	___	___

¿Cuál de las anteriores variables fue la que más determinó el que usted escogiera este producto?
_____

Comentarios
_____
_____

17. ¿Trabaja usted con otros bancos u otras corporaciones de ahorro? (Sólo clientes)

    SÍ_____   Cuáles: _____
    NO_____

18. ¿Cómo evalúa usted a la compañía mencionada anteriormente (una vez) frente a los servicios que le ofrece la empresa, en cuanto a:

	SUPERIOR	IGUAL	INFERIOR
a. Imagen	_____	_____	_____
b. Agresividad comercial	_____	_____	_____
c. Número de oficinas	_____	_____	_____
d. Localización de la oficina	_____	_____	_____
e. Disponibilidad del funcionario	_____	_____	_____
f. Amabilidad en la atención	_____	_____	_____
g. Capacidad de asesoría	_____	_____	_____
h. Solución a sus inquietudes	_____	_____	_____
i. Calidad de información suministrada	_____	_____	_____
j. Tiempo de espera para ser atendido.	_____	_____	_____
k. Facilidad para comunicarse telefónicamente	_____	_____	_____
l. Amabilidad en la atención telefónica	_____	_____	_____

20. En su opinión ¿qué le hace falta a la compañía para que su servicio sea ideal (clientes y no clientes)?
    _____
    _____
    _____

MUCHAS GRACIAS

C. El cliente incógnito

Objetivo

El cliente incógnito procura evaluar el ciclo del servicio de la organización estudiada, con base en el concepto de un cliente entrenado especialmente para auditar los momentos de verdad de la organización.

Descripción

Este método de evaluación de la calidad del servicio se fundamenta en la capacidad que tiene la persona que se presenta como cliente incógnito, para observar y evaluar los momentos de verdad y el ambiente en el cual se desarrollan.

En la interacción de un cliente incógnito con la organización, se presentan diferentes posibles roles para aplicar, los cuales deben ser definidos de manera explícita por el personal de planeación de la auditoría.

En el desarrollo de la auditoría del servicio, un cliente incógnito puede no alcanzar a vivir todo el ciclo del servicio, ya sea por el tiempo requerido para cubrir todo el ciclo, o por el rol o comportamiento que debe representar de forma incógnita.

De esta manera, el cubrimiento de la evaluación que provee el cliente incógnito dependerá de hasta dónde llegue el ciclo del servicio de la empresa evaluada.

Por tanto, es necesario determinar cuáles son los momentos de verdad que se pueden auditar con la utilización de un cliente incógnito en una organización específica.

Para llevar a cabo la evaluación del servicio con base en la opinión de un cliente incógnito, se deben:

1. Establecer los momentos de verdad que se van a evaluar con base en el concepto de un cliente incógnito, tomando como referencia el análisis del ciclo del servicio.

2. Definir el personal de trabajo de campo que participará como cliente incógnito.

3. Determinar los roles que se aplicarán en este método de recolección de información.

4. Entrenar a los clientes incógnitos en el rol que jugarán durante la interacción con la organización.

5. Retomar el conjunto referencial de preguntas para el diseño de las herramientas de medición en la auditoría.

6. Estructurar la encuesta que se aplicará al cliente incógnito, después de su interacción con la organización, considerando las preguntas que evalúan los momentos de verdad definidos en el punto No. 1.

Aplicación

El método que plantea el cliente incógnito se ve afectado fundamentalmente por la duración de la auditoría, con respecto al tiempo requerido para cubrir el ciclo del servicio de la organización.

La encuesta que se aplica al cliente incógnito no tiene como requisito una duración mínima. Sin embargo, en el mejor de los casos, se puede evaluar todo el ciclo del servicio, en cuyo caso se aplicaría una encuesta que normalmente tiene una duración entre 20 y 40 minutos.

CLIENTE INCÓGNITO

FECHA _____
OFICINA _____
DÍA _____
HORA _____

Nombre de quien lo atendió _____
Cargo de quien lo atendió _____

Nivel de tráfico:
ALTO   _____
MODERADO   _____
BAJO   _____

I. UBICACIÓN DE LA OFICINA

	BUENO	REGULAR	MALO
Localización	_____	_____	_____
Vías de acceso	_____	_____	_____
Disponibilidad de parqueo	_____	_____	_____
Visualización del aviso exterior	_____	_____	_____
Visualización de cajeros automáticos	_____	_____	_____

II. PRESENTACIÓN DE LAS OFICINAS

	BUENO	REGULAR	MALO
1. Fachada	_____	_____	_____
Orden	_____	_____	_____
Ambiente	_____	_____	_____
Tamaño	_____	_____	_____
Distribución	_____	_____	_____
Iluminación	_____	_____	_____
Aireación			
Disponibilidad de muebles	_____	_____	_____
Estado de los muebles	_____	_____	_____
Decoración interna	_____	_____	_____
Presentación del escritorio de quien lo atendió	_____	_____	_____

2. El material publicitario que se encuentra dentro de las oficinas es:

   Excesivo _____   Organizado _____
   Suficiente _____   Desorganizado _____
   Insuficiente _____   Fácil de visualizar _____
                            Difícil de visualizar _____

3. ¿Tiene la oficina cartelera de información comercial (tasas de captaciones, colocaciones y moneda extranjera)?

   SÍ _____   NO _____

4. ¿Está actualizada la información comercial colocada en la cartelera (vigente)?

   SÍ _____   NO _____

III. PRESENTACIÓN DEL PERSONAL EN LA OFICINA

	BUENO	REGULAR	MALO
1. Celador	___	___	___
Cajeros	___	___	___
Secretarias	___	___	___
Auxiliares comerciales	___	___	___
Aseadora	___	___	___
Gerente	___	___	___
Subgerente comercial	___	___	___
Otros funcionarios	___	___	___

2. Cómo califica la presentación del personal que lo atendió en cuanto a:

	BUENO	REGULAR	MALO
Arreglo del cabello	___	___	___
Vestuario	___	___	___
Aseo personal	___	___	___

IV. SEÑALIZACIÓN INTERNA

1. Facilidad en la visualización de los avisos internos:

   BUENO   REGULAR   MALO
   _____   _____   ____

2. Los avisos internos de los puntos de servicio son:

   Excesivos   _____   Organizado   _____
   Suficientes   _____   Desorganizado   _____
   Insuficientes _____

3. De los siguientes letreros cuáles pudo visualizar:

	BIEN	REGULAR	MAL
Puntos de atención	_____	_____	_____
Información	_____	_____	_____
Gerencia	_____	_____	_____
Secretaría	_____	_____	_____
Entrada a la fila	_____	_____	_____
Salida de la fila	_____	_____	_____
Pago de nómina	_____	_____	_____
Pago de servicios	_____	_____	_____
¿Otros? ¿Cuáles?	_____	_____	_____

V. ATENCIÓN DE LOS FUNCIONARIOS DEL BANCO

1.
	BUENA	REGULAR	MALA
Amabilidad/Cortesía			
Celador	_____	_____	_____
Quien lo atendió	_____	_____	_____
Otros funcionarios	_____	_____	_____

2. Evaluar la atención del funcionario que contactó para hablar de líneas de crédito en cuanto a:

	SÍ	NO	NA
Lo saludó amablemente	_____	_____	_____
Le sonrió	_____	_____	_____
Lo miró a los ojos	_____	_____	_____
Lo saludó de mano	_____	_____	_____
Le indicó su nombre	_____	_____	_____
Estuvo dispuesto a ayudarlo	_____	_____	_____
Le dio información que usted le solicitó	_____	_____	_____
Fue claro en la explicación	_____	_____	_____
Le ofreció diferentes alternativas a sus inquietudes	_____	_____	_____

Fue eficiente en su servicio _____   _____   _____
Dispuso del tiempo suficiente
para atenderlo   _____   _____   _____
Miró atentamente sus papeles   _____   _____   _____
Conversó mucho con sus
compañeros de trabajo   _____   _____   _____
Conversó mucho por teléfono   _____   _____   _____
Le ofreció algo de tomar
mientras lo atendían   _____   _____   _____

3. ¿Tuvo que esperar para que lo atendieran?

   SÍ _____   NO _____

4. ¿Cuánto tiempo tuvo que esperar?

   0 - 10 minutos   _____
   10 - 20 minutos   _____
   Más de 20 minutos   _____

5. ¿En qué condiciones tuvo que esperar?

   Sentado   _____
   Parado   _____

6. ¿Cuánto tiempo estuvo usted conversando con este funcionario?

   0 - 10 min.   _____
   10 - 20 min.   _____
   Más de 20 min.   _____

7. ¿Cómo evalúa usted el grado de conocimiento que tiene el funcionario del banco en cuanto líneas de crédito?

   Bueno   _____
   Regular   _____
   Malo

8. ¿En qué área de la oficina fue atendido?

   Puesto del funcionario _____
   Pasillo   _____

Salón de reuniones _____
Oficina de otros
funcionarios _____
Otros _____

¿Cuáles? _____
_____

VI. EVALUACIÓN DEL CICLO DEL SERVICIO DE CRÉDITO

A. Asesoría del funcionario de líneas de crédito

1. ¿Entendió sus necesidades ?

   SÍ _____   NO _____

2. Nombre las líneas de crédito que le ofrecieron. Por favor realizar una descripción de éstas.

   Nombre _____

   Comentarios _____
   _____
   _____

   Nombre _____

   Comentarios _____
   _____
   _____

   Nombre _____

   Comentarios _____
   _____
   _____

3. ¿Entregó información escrita de las diferentes líneas de crédito que ofreció?

   SÍ _____   NO _____

4. ¿Le explicó adecuadamente las características de cada línea de crédito que le ofreció?
   SÍ _____   NO _____

5. ¿Lo asesoró adecuadamente para la selección de la línea de crédito más conveniente para usted?
   SÍ _____   NO _____

6. ¿Esta línea de crédito satisface sus necesidades?
   SÍ _____   NO _____

7. La línea de crédito que usted seleccionó es conveniente en:

	SÍ	NO
Monto	_____	_____
Plazos	_____	_____
Tasas	_____	_____
Garantías	_____	_____
Destino	_____	_____
Condiciones de pago	_____	_____

8. ¿Le ofreció otras alternativas para solucionar sus problemas?
   SÍ _____   NO _____

9. ¿El funcionario del banco le entregó los documentos necesarios para diligenciar la solicitud de crédito?
   SÍ _____   NO _____

10. ¿Le explicó claramente cómo llenar estos formularios?
    SÍ _____   NO _____

11. ¿Le explicó claramente los requisitos exigidos por el banco?
    SÍ _____   NO _____

12. ¿Es fácil la obtención de la documentación exigida por el banco?
    SÍ _____   NO _____

13. ¿Es fácil diligenciar los formularios requeridos por el banco?
    SÍ _____   NO _____

14. ¿Los formularios tienen el espacio necesario para escribir la información solicitada por el banco?

   SÍ _____   NO _____

15. ¿El funcionario revisó adecuadamente la documentación entregada por usted al banco?

   SÍ _____   NO _____

16. En caso de haberse presentado problemas con el estudio de su crédito ¿fue contactado oportunamente por el banco?

   SÍ _____   NO _____

17. ¿Fue informado del estado de su crédito dentro del proceso de trámite?

   SÍ _____   NO _____

18. ¿Le informaron a usted oportunamente los resultados del estudio de su crédito?

   SÍ _____   NO _____

19. ¿Cuánto tiempo transcurrió desde la entrega completa de los documentos hasta la información del resultado del estudio de su crédito?

   Menos de una semana   _____
   Una a dos semanas   _____
   Dos a tres semanas   _____
   Más de tres semanas   _____

20. ¿A través de qué medio fue usted informado del resultado del estudio de su crédito?

   Telefónicamente   _____
   Directamente en la oficina   _____
   Por escrito   _____
   Visita de un funcionario del banco _____

21. ¿Le dieron información sobre las causales del resultado de su solicitud de crédito?

   SÍ _____   NO _____

22. ¿Fue informado usted de los pasos a seguir para obtener el desembolso?

   SÍ _____   NO _____

23. ¿Le informaron de las condiciones de aprobación de su crédito?

    SÍ _____   NO _____

24. Las garantías que el banco exige son:

    Excesivas   _____
    Suficientes   _____

25. ¿Es fácil constituir las garantías que el banco exige?

    SÍ _____   NO _____

26. El tiempo transcurrido para su protocolización fue:

    Prolongado   _____
    Normal   _____
    Corto   _____

27. El tiempo transcurrido desde la aprobación del crédito hasta su desembolso es:

    Prolongado   _____
    Normal   _____
    Corto   _____

28. ¿Fue informado oportunamente sobre el desembolso de su crédito?

    SÍ _____   NO _____

29. Basado en este experiencia qué tan satisfecho es encuentra usted con:

	MS	S	IND	INS	MINS
El servicio que ofrece esta entidad financiera en cuanto a crédito	__	__	__	__	__
Con la línea de crédito que seleccionó	__	__	__	__	__
Esta entidad financiera como organización	__	__	__	__	__

30. ¿Qué sugerencias adicionales le haría usted a la compañía?
    _____
    _____

MUCHAS GRACIAS POR SU COLABORACIÓN

D. La encuesta por correo

Objetivo

El propósito de este método es evaluar el ciclo del servicio, con base en una encuesta que se envía por correo.

Descripción

La encuesta por correo es un cuestionario que se les envía a los clientes, acompañado por una carta explicativa y un sobre para la devolución del mismo, lo que hace el método adecuado para analizar la percepción del cliente en una amplia zona geográfica.

Este proceso de recolección informativo es fácil, económico y no requiere encuestadores; además, su propósito es determinar la calidad del servicio que un cliente recibe.

A pesar de las ventajas que este método presenta, la mayor dificultad en su aplicación se evidencia en la lentitud y normalmente el bajo porcentaje de respuesta, lo que en un momento determinado puede desvirtuar los resultados obtenidos. No obstante, con un porcentaje de respuesta entre el 5% y 10%, la información es suficiente para llegar a concluir sobre la percepción de la población objetivo a la que se espera llegar con esta metodología.

Para obtener un porcentaje de respuesta suficiente con resultados confiables es necesario, en algunos casos, remitir cuestionarios adicionales a la muestra obtenida para incrementar la respuesta.

Con una encuesta por correo no es posible evaluar todo el ciclo del servicio; por tanto, se requiere la definición de los momentos de verdad que se pueden auditar con este procedimiento.

Para definir una encuesta por correo en la auditoría del servicio se deben:

1. Definir el(los) momento(s) de verdad por evaluar, con base en el análisis del ciclo del servicio.

2. Retomar el conjunto de preguntas de referencia para el diseño de herramientas de medición de la auditoría.

3. Estructurar la encuesta que se aplicará por correo, considerando preguntas que evalúen los momentos de verdad definidos en 1.

Aplicación

Una ventaja de las encuestas por correo es la no participación de encuestadores, ya sea por disminución de los costos del trabajo de campo o porque se evita la influencia del encuestador en el concepto que emite el encuestado. Sin embargo, esto se convierte también en una desventaja si un cliente no tiene claro lo que se pregunta en un momento determinado y la manera de responder los cuestionarios presentados.

Por consiguiente, de la claridad de la encuesta que se envía por correo y de la facilidad para responderla, dependerá su éxito.

ENCUESTA POR CORREO

Estimado cliente:

Le rogamos contestar la encuesta anexa y devolverla en el sobre incluido, una vez diligenciada.

Esperamos conocer su opinión sobre el servicio que le estamos prestando. Su respuesta nos permitirá poder responder oportunamente a sus necesidades y expectativas.

Muchas gracias por su colaboración.

FECHA _____
CIUDAD _____

1. ¿Las tintas para su sistema de impresión las provee Químicos S.A.?

    SIEMPRE__ CASI SIEMPRE__ ALGUNAS VECES__ NUNCA__

2. La información técnica que le suministra Químicos S.A. es

    ALTA ___   NORMAL ___   BAJA ___   NULA ___

3. ¿La información técnica que le suministra Químicos S.A. es adecuada?

    SIEMPRE__ CASI SIEMPRE__ ALGUNAS VECES__ NUNCA__

4. ¿Conoce las especificaciones y rangos aceptados por cada una de las tintas que Químicos S.A. provee?

    SIEMPRE__ CASI SIEMPRE__ ALGUNAS VECES__ NUNCA__

5. El trato personal que usted recibe por parte del personal de Químicos S.A. es:

    EXCELENTE___ BUENO___ REGULAR___ MALO___

6. ¿La línea de productos que ofrecemos se encuentra a la vanguardia tecnológica de la industria de tintas en Colombia?

    SÍ_____   NO _____

7. ¿Cuando requiere hacer un pedido a Químicos S.A. tiene fácil acceso telefónico o por otro medio de comunicación (fax. telex)?

   SIEMPRE__ CASI SIEMPRE__ ALGUNAS VECES__ NUNCA__

8. ¿La toma del pedido es oportuna?

   SÍ _____   NO _____

9. ¿Es claro para sus operarios, cuál es la mejor manera de utilizar nuestros productos?

   SIEMPRE__ CASI SIEMPRE__ ALGUNAS VECES__ NUNCA__

10. ¿Las tintas que recibe de Químicos S.A. se encuentran dentro de los rangos especificados para el producto?

    SIEMPRE__ CASI SIEMPRE__ ALGUNAS VECES__ NUNCA__

11. Si usted tiene alguna duda, se le soluciona:

    DE INMEDIATO ____   HAY ESPERA ____   NO ____

12. ¿Considera que Químicos S.A. es una compañía técnica dinámica y agresiva?

    SÍ _____   NO _____

13. ¿El personal de su empresa ha recibido algún tipo de capacitación por parte de Químicos S.A. ?

    SÍ _____   NO _____

14. ¿Existe homogeneidad en tonos y demás características entre un lote y otro?

    SIEMPRE__ CASI SIEMPRE__ ALGUNAS VECES__ NUNCA__

15. ¿Considera que Químicos S.A. es una empresa técnica y financieramente sólida?

    SÍ _____   NO _____

16. Cuando ha solicitado algún desarrollo especial, ¿ha sido atendido en forma oportuna?

    SÍ _____   NO _____

17. La calidad de la respuesta de Químicos S.A. fue:

    EXCELENTE ___   BUENA ___   REGULAR ___   MALA ___

18. ¿El despacho de mercancía por parte de Químicos S.A. es oportuno?

    SIEMPRE__   CASI SIEMPRE__   ALGUNAS VECES__   NUNCA__

19. ¿En su concepto, el vendedor técnico que lo visita tiene los conocimientos teóricos y prácticos para ayudar a solucionar problemas en el uso de la tinta en máquina?

    SIEMPRE__   CASI SIEMPRE__   ALGUNAS VECES__   NUNCA__

20. ¿El comportamiento de la tinta que provee Químicos S.A. es homogéneo en condiciones iguales de impresión y de sustrato?

    SIEMPRE__   CASI SIEMPRE__   ALGUNAS VECES__   NUNCA__

21. ¿El esfuerzo financiero de Químicos S.A. en la inversión en inventarios locales de materia prima se refleja en una clara disposición del producto?

    SÍ _____   NO _____

22. ¿Coinciden la cantidad y las referencias solicitadas con los recibos?

    SIEMPRE__   CASI SIEMPRE__   ALGUNAS VECES__   NUNCA__

23. El servicio técnico para utilización de la tinta en máquina que ofrece Químicos S.A. es:

    EXCELENTE ___   BUENO ___   REGULAR ___   MALO ___

24. ¿Se ajustan las especificaciones del producto de Químicos S.A. a sus necesidades particulares?

    SIEMPRE__   CASI SIEMPRE__   ALGUNAS VECES__   NUNCA__

25. a. El suministro de Químicos S.A. es:

    EXCELENTE ___   BUENO ___   REGULAR ___   MALO ___

    b. ¿Superior al de otros proveedores?

    SIEMPRE___   CASI SIEMPRE___   ALGUNAS VECES___   NUNCA___

26. La presentación del producto de Químicos S.A. es:

    EXCELENTE ___   BUENA ___   REGULAR ___   MALA ___

27. ¿Es clara su identificación?

    SÍ ____   NO ____

28. a. Cuando ha acudido a Químicos S.A. en busca de ayuda de carácter técnico, ¿ha encontrado acogida su solicitud?

    SIEMPRE___   CASI SIEMPRE___   ALGUNAS VECES___   NUNCA___

    b. ¿Ha encontrado respuestas positivas que satisfagan sus requerimientos?

    SIEMPRE___   CASI SIEMPRE___   ALGUNAS VECES___   NUNCA___

29. ¿El rendimiento obtenido por las tintas es homogéneo?

    SIEMPRE___   CASI SIEMPRE___   ALGUNAS VECES___   NUNCA___

30. ¿Encuentra en las directivas de Químicos S.A. seriedad y compromiso con el corto, mediano y largo plazo?

    SÍ ____   NO ____

31. Cuando tiene algún reclamo sobre un lote de tinta, se le atiende en forma:

    ÁGIL ___   OPORTUNA ___   SUFICIENTE ___   LENTA ___

32. Con respecto a la calidad de tintas:

    a. Considera que Químicos S.A. es:

    EXCELENTE ___   BUENO ___   REGULAR ___   MALO ___

b. Pinturas S.A. es:

EXCELENTE___ BUENO___ REGULAR___ MALO___

c. Los productos importantes son:

EXCELENTES___ BUENOS___ REGULARES___ MALOS___

33. ¿Considera que existen procesos de planeación, ejecución y control suficientemente claros en Químicos S.A.?

SÍ_____ NO_____

34. ¿Conoce la garantía que ofrece Químicos S.A.?

SÍ_____ NO_____

35. La actividad del vendedor, con respecto a la venta es:

AGRESIVA___ ADECUADA___ MODERADA___ BAJA___

36. ¿Considera que Químicos S.A. puede satisfacer las necesidades futuras del sector (técnicas y comerciales)?

SÍ_____ NO_____

37. ¿Son competitivos los precios de Químicos S.A. con respecto a otros proveedores?

SIEMPRE___ CASI SIEMPRE___ ALGUNAS VECES___ NUNCA___

38. ¿Químicos S.A. atiende sus solicitudes de desarrollo o igualación de colores de manera oportuna?

SIEMPRE___ CASI SIEMPRE___ ALGUNAS VECES___ NUNCA___

39. La calidad que recibe en respuesta a estas solicitudes es:

EXCELENTE___ BUENA___ REGULAR___ MALA___

40. ¿Conoce las condiciones comerciales de venta que ofrece Químicos S.A. en plazo y descuento por pronto pago?

TOTALMENTE___ PARCIALMENTE___ NO CONOCE___

41. ¿Son mejores que las de otros proveedores?

    SIEMPRE__   CASI SIEMPRE__   ALGUNAS VECES__   NUNCA__

42. ¿Las notas contables débito y crédito son emitidas oportunamente?

    SIEMPRE__   CASI SIEMPRE__   ALGUNAS VECES__   NUNCA__

43. a. ¿Recibe con anticipación las comunicaciones de Químicos S.A. con respecto al aumento de los precios?

    SIEMPRE__   CASI SIEMPRE__   ALGUNAS VECES__   NUNCA__

    b. ¿Se beneficia de la información?

    SIEMPRE__   CASI SIEMPRE__   ALGUNAS VECES__   NUNCA__

44. La frecuencia de alza de precios es:

    ALTA____   NORMAL____   MODERADA____   BAJA____

45. ¿La gestión de cobro por parte de Químicos S.A. es oportuna?

    SIEMPRE__   CASI SIEMPRE__   ALGUNAS VECES__   NUNCA__

46. ¿La calidad de la gestión de cobro es exacta?

    SIEMPRE__   CASI SIEMPRE__   ALGUNAS VECES__   NUNCA__

47. ¿El cobro de facturas se hace de manera cordial?

    SIEMPRE__   CASI SIEMPRE__   ALGUNAS VECES__   NUNCA__

48. ¿Recibe usted visita del personal de Químicos S.A. después de realizar la compra?

    SIEMPRE__   CASI SIEMPRE__   ALGUNAS VECES__   NUNCA__

COMENTARIOS:
_____
_____
_____

En relación comercial y de servicios con Químicos S.A. califique de (1) = No importante a (5) = Muy importante

Aspecto	Calificación
a. Línea de producto	_____
b. Servicio técnico	_____
c. Servicio comercial	_____
d. Calidad del producto	_____
e. Elementos perceptivos y corporativos	_____

¿Qué sugerencias aportaría usted para mejorar la relación comercial y de servicios con Químicos S.A.?
_____
_____
_____

MUCHAS GRACIAS

E. La teleauditoría

Objetivo

Su objetivo es evaluar los aspectos más importantes del ciclo del servicio, con base en una encuesta que se aplica telefónicamente.

Descripción

La teleauditoría es un método rápido de recolección de información; sin embargo, la cantidad de datos que se pueden obtener de parte del encuestado es más limitada.

Su utilización facilita el proceso de recolección de información, en tiempo y costo. El número de encuestados que no responde es relativamente bajo, si se considera, además, el sistema de volver a llamar.

El tiempo de aplicación de la teleauditoría es mínimo; por tanto, no es posible evaluar todo el ciclo del servicio, lo que implica definir los momentos de verdad que se pueden auditar telefónicamente.

Para definir la encuesta base de la teleauditoría se deben:

1. Definir el(los) momento(s) de verdad por evaluar, con base en el análisis del ciclo del servicio.
2. Retomar el conjunto referencial de preguntas para el diseño de las herramientas de medición en la auditoría.
3. Estructurar la encuesta de la teleauditoría, considerando las preguntas que evalúan los momentos de verdad definidos en la primera actividad.

Aplicación

Su utilización en el contexto de la auditoría del servicio se asocia a la aplicación telefónica de la clisa, pues el tiempo disponible para llevar a cabo la teleauditoría esta limitado, entre tres y cinco minutos.

EVALUACIÓN DE LA CALIDAD DEL SERVICIO
TELEAUDITORÍA
CLIENTE FINAL

Buenos días mi nombre es _____, represento a la firma Humberto Serna & Asociados, compañía que ha sido contratada por Peta´s, con el propósito de evaluar la calidad del servicio que actualmente le brinda al cliente. Le agradezco su amable colaboración para lograr este objetivo.

PERFIL DEL ENCUESTADO

NOMBRE _____ PRODUCTO _____
TELÉFONO _____ DIRECCIÓN _____
FECHA _____ CIUDAD _____
DISTRIBUIDOR _____ ENCUESTADOR _____

1. ¿Por qué compró usted en este Almacen de Peta´s?
   _____
   _____

2. De acuerdo con la experiencia que tuvo usted con _____, ¿cuál es su nivel de satisfacción con respecto al servicio general que le ofrecieron en este Punto de Venta?

	MS	S	IND	INS	MINS	NA
	__	__	__	__	__	__

   ¿Por qué? _____
   _____

3. ¿Cómo evalúa usted la atención personalizada que recibió por parte del vendedor de _____ en cuanto a:

	MB	B	R	M	MM	NA
a. Amabilidad del funcionario	__	__	__	__	__	__

   ¿Por qué? _____
   _____

   | b. Capacidad de asesoría | __ | __ | __ | __ | __ | __ |

¿Por qué? _____
_____

c. Conocimiento de los
   productos   __ __ __ __ __ __

¿Por qué? _____
_____

d. Presentación personal   __ __ __ __ __ __

¿Por qué? _____
_____

e. Puntualidad a las citas   __ __ __ __ __ __

¿Por qué? _____
_____

f. Ayudas de venta que llevó
   (Muestrarios)   __ __ __ __ __ __

¿Por qué? _____
_____

4. ¿Cuál es su nivel de satisfacción con respecto al servicio que le presto _____ en lo que se refiere a los siguientes aspectos?

                                    MS S IND INS MINS NA
a. Método de cotización   __ __ __ __ __ __

¿Por qué? _____
_____

b. Condiciones de pago   __ __ __ __ __ __

¿Por qué? _____
_____

c. Cumplimiento en la fecha
de entrega   __ __ __ __ __ __

¿Por qué? _____

_____

d. Servicio postventa   — — — — — —

¿Por qué? _____

_____

5. ¿Cómo evalúa usted la instalación del producto por parte de
   _____ en lo que se refiere a:

                                    MB B   R   M MM NA

a. Oportunidad   — — — — — —

¿Por qué? _____

_____

b. Agilidad en la instalación   — — — — — —

¿Por qué? _____

_____

c. Calidad en la instalación   — — — — — —

¿Por qué? _____

_____

6. ¿Cómo califica usted las siguientes variables relacionadas con el producto que compró?

                                    MB B   R   M MM NA

a. Calidad   — — — — — —

¿Por qué? _____

_____

b. Precio   — — — — — —

¿Por qué? _____

_____

c. Diseño ___ ___ ___ ___ ___ ___

¿Por qué? _____
_____

d. Variedad ___ ___ ___ ___ ___ ___

¿Por qué? _____
_____

7. ¿Ha realizado usted algún reclamo a _____ ?

   SÍ _____   NO _____

8. ¿Cuál es su nivel de satisfacción con la atención que le ofreció _____, al reclamo que usted realizó, en cuanto a:

                                      MS S IND INS MINS NA

   a. Amabilidad del funcionario ___ ___ ___ ___ ___ ___

   ¿Por qué? _____

   b. Oportunidad en la prestación
      del servicio ___ ___ ___ ___ ___ ___

   ¿Por qué? _____
   _____

   c. Eficiencia en la solución ___ ___ ___ ___ ___ ___

   ¿Por qué? _____
   _____

9. ¿Se ha comunicado usted con la línea 800 de Peta´s?

   SÍ _____   NO _____

10. Qué tan satisfecho quedó usted con la comunicación a la Línea 800 de Peta´s en cuanto a:

                                    MS S IND INS MINS NA

    a. Facilidad para comunicarse ___ ___ ___ ___ ___ ___

¿Por qué? _____
_____

b. Oportunidad para contestar   __ __ __ __ __ __

¿Por qué? _____
_____

c. Agilidad en la comunicación
   con la persona que usted
   solicitó   __ __ __ __ __ __

¿Por qué? _____
_____

d. Amabilidad en la atención   __ __ __ __ __ __

¿Por qué? _____
_____

e. Confiabilidad en la
   información suministrada   __ __ __ __ __ __

¿Por qué? _____
_____

11. ¿Qué tan importante es para usted encontrar todos los productos en un solo sitio?

MIMP	IMP	IND	PIMP	NIMP	NA
___	___	___	___	___	___

¿Por qué? _____
_____

12. ¿Qué recomendaciones le haría usted a _____ para que el servicio sea ideal?
_____
_____

MUCHAS GRACIAS

F. La observación in situ

F. La observación in situ

Objetivo

El propósito de este método de recolección de información es evaluar el ambiente en el cual se atiende al cliente externo de la organización.

Descripción

La observación *in situ* parte del supuesto de que observar el comportamiento de las variables participantes en el ciclo del servicio, provee información más exacta y menos costosa que la entrevista o encuesta de un conjunto de clientes, con respecto a la calidad del servicio que la organización ofrece.

En este sentido, la observación *in situ* es un método complementario en la auditoría a la presentación de la percepción del cliente, quien evalúa la calidad del servicio que recibe, desde su perspectiva, de acuerdo con sus necesidades y expectativas.

La metodología para realizar la observación *in situ* más adecuada dentro de la auditoría del servicio es mediante la utilización de clientes incógnitos, para quienes se definen roles específicos, evaluando variables del ambiente en que el cliente es atendido.

Este método de recolección de información se diferencia del cliente incógnito, en que la observación *in situ* se orienta a la evaluación del *punto de venta* en donde se atiende al cliente, mientras que el cliente incógnito audita todo el ciclo del servicio de la organización estudiada.

Para definir la encuesta, que se aplica a quien realiza la observación *in situ*, se debe:

1. Definir las variables que se desean evaluar del ambiente (oficina) en el cual el cliente es atendido.

2. Retomar el conjunto referencial de preguntas para el diseño de las herramientas de medición en la auditoría.

3. Estructurar la encuesta de la observación *in situ*, considerando las preguntas que evalúan las variables definidas en 1.

Aplicación

La aplicación de la observación *in situ* es importante cuando se realiza una evaluación de las oficinas de la organización auditada.

OBSERVACIÓN IN SITU

Nombre/Name _____
Dirección/Address _____ Ciudad/City_____
País/Country _____ Teléfono/Telephone _____
Habitación/Room _____ Fecha/Date_____

☺   😐   ☹
BUENO   NORMAL   MALO
GOOD   NORMAL   BAD

Esperamos haya tenido una agradable estancia en el hotel. Como nuestro propósito es seguir ofreciendo un excelente servicio, le rogamos contestar este cuestionario.

We hope you had an enjoyable stay with us. We ask you to help us to improve our services by filling in this questionnaire.

	☺ 😐 ☹		☺ 😐 ☹
Recepción / *Reception*	☐ ☐ ☐	Lavandería / *Laundry*	☐ ☐ ☐
Habitación / *Room*	☐ ☐ ☐	Serv. Habitación / *Room Service*	☐ ☐ ☐
Servicio Telefónico / *Telephone Service*	☐ ☐ ☐	Restaurante / *Restaurant*	☐ ☐ ☐

¿Está usted satisfecho con su estadía?   ☺ 😐 ☹   Si desea destacar la labor de algún anfitrión por favor mencione su nombre
Are you satisfied with your stay?   ☐ ☐ ☐   *If you want to thank somebody of our staff please mentioned*

☺ ☐ _____

Comentarios / Sugerencias
Comments / Suggestions

_____
_____

Gracias por su colaboración   *Thanks for helping us*

Señor pasajero: Ayúdenos a servirle mejor dándonos a conocer sus impresiones sobre este vuelo. Su opinión es muy importante para nosotros.

Dear Passenger: Please help us to serve you better by giving us your impressions of this flight. Your opinion is very important to us.

**INFORMACIÓN SOBRE EL VUELO ACTUAL
(EL QUE ESTÁ REALIZANDO)**

INFORMATION ABOUT THIS FLIGHT (THE ONE YOU ARE ON)

EN SU OPINIÓN NUESTRO SERVICIO ES:
IN YOUR OPINION OUR SERVICE IS:

	MUY BUENO / *VERY GOOD*	BUENO / *GOOD*	REGULAR / *FAIR*	DEFICIENTE / *POOR*
- Reservas / *Reservations*	( ) ( )	( ) ( )	( ) ( )	( ) ( )
- Aeropuerto / *Airport*	( ) ( )	( ) ( )	( ) ( )	( ) ( )
- Abordo / *On board*	( ) ( )	( ) ( )	( ) ( )	( ) ( )

¿Este vuelo salió a tiempo?   Sí ( )   No ( )
This Flight departed on time?   Yes ( )   No ( )

SUGERENCIAS Y COMENTARIOS PARA MEJORAR NUESTRO SERVICIO
SUGGESTIONS AND COMMENTS TO IMPROVE OUR SERVICE

_____
_____
_____
_____
_____
_____

ENCUESTA IN SITU

Buenos días:

	EXCELENTE	BUENO	REGULAR	MALO
1. Está usted satisfecho con el servicio recibido:	_____	_____	_____	_____
2. La información recibida dentro de la oficina es:	_____	_____	_____	_____
3. La amabilidad de los cajeros fue:	_____	_____	_____	_____
4. La presentación del personal es:	_____	_____	_____	_____
5. La señalización de la oficina es:	_____	_____	_____	_____
6. El tiempo de atención lo considera:	_____	_____	_____	_____

7. Volvería a esta oficina a realizar sus transacciones:

SÍ _____   NO _____

La encuesta que se aplica en este método de recolección de información es específica y en su diligenciamiento se utilizan entre 15 y 25 minutos.

4.1.7.5. Herramientas de base para definir necesidades y expectativas

Una de las características esenciales de la auditoría del servicio es su carácter exploratorio, es decir, procura determinar necesidades y expectativas del cliente, las que a su vez definen la evolución en la interelación entre la compañía y su capacidad para satisfacer al cliente.

A. La entrevista

Objetivo

Establecer las necesidades y expectativas del cliente, como elemento preponderante para lograr la calidad en el servicio que la organización ofrece, con base en conceptos individuales.

Así mismo, determinar los factores generadores de satisfacción e insatisfacción del cliente, en sus relaciones con la organización auditada.

Descripción

La entrevista se conforma por un conjunto de preguntas abiertas, de las cuales depende la calidad de la información obtenida.

El éxito de la entrevista depende en mayor grado del entrevistador, quien debe estar en capacidad de escuchar y captar adecuadamente la información que provee el cliente.

Por lo tanto, el responsable del trabajo de campo debe estar muy bien capacitado en el conocimiento del ciclo del servicio de la organización auditada.

Las entrevistas pueden ser dirigidas o estructuradas, o no estructuradas.

La entrevista dirigida o estructurada se realiza con base en un cuestionario, siguiendo un orden predefinido, documentando las respuestas tal y como el entrevistado proporciona la información.

El cuestionario de referencia de la entrevista dirigida se obtiene del marco conceptual del diseño de las herramientas de medición de la auditoría, que se presentó anteriormente.

Las entrevistas no estructuradas pueden ser focalizadas o libres.

Una entrevista focalizada es aquella que procura el análisis de un conjunto de aspectos o tópicos, sin utilizar una estructura formal en su desarrollo.

Por ejemplo, el análisis de quienes participan en el ciclo del servicio, como son: los procedimientos, el cliente interno, el ambiente y la tecnología.

Una entrevista libre ofrece libertad absoluta al cliente para que exprese sus necesidades y sus expectativas, y los factores generadores de satisfacción o insatisfacción que lo afectan. El entrevistador, en este caso, sólo interviene para orientar al cliente en el momento que éste lo requiera.

Actividades

1. Definir los objetivos de la entrevista.

2. Determinar el perfil de los entrevistadores.

3. Capacitar a los entrevistadores en el ciclo del servicio que se desea evaluar.

4. Estructurar la guía de la entrevista con base en los objetivos definidos en la actividad 1, la que debe incluir:

    a. Un encabezado con la información básica del cliente y el entrevistador.

    b. Instrucciones claras y concisas sobre cómo se debe llevar a cabo la entrevista.

    c. Un cuerpo de la entrevista, con los aspectos más importantes de los datos que se han de obtener en caso de una entrevista no estructurada, y un cuestionario en el caso de una entrevista dirigida.

Requerimientos

1. Se requiere crear un ambiente de confianza para que el cliente se exprese.

2. Es necesario informar al cliente sobre la importancia de su colaboración al responder la entrevista; además, se debe anotar el carácter confidencial de la información que se aporte.

3. Es adecuado iniciar la entrevista con preguntas simples.

4. El lenguaje utilizado por el entrevistador debe ser claro y conciso.

5. El entrevistador debe dirigir la entrevista de forma tal que no se desvíe de los objetivos planteados.

6. El entrevistador no debe ser entrevistado, debe tener capacidad para escuchar, transcribir y sintetizar la información que provee el cliente.

7. La documentación de la entrevista debe ser imparcial y objetiva, diferen-

ciando los comentarios del cliente de las anotaciones del entrevistador.

8. Al finalizar la entrevista, se debe agradecer al cliente su colaboración.
9. El perfil del entrevistador debe considerar a una persona que maneje el tema de la auditoría, con excelente presentación personal, idóneo, imparcial, honesto, serio y responsable.

Aplicación

La entrevista se debe realizar en un ambiente adecuado, en el cual se eviten las interrupciones, y se disponga de un clima de tranquilidad y confianza.

La duración de la entrevista no debe ser muy extensa, teniendo en cuenta el tiempo de que dispone el cliente. Por lo tanto, una entrevista entre 35 y 50 minutos debe ser suficiente para lograr sus objetivos.

ENTREVISTA

Buenos días mi nombre es _____, represento a la firma *Humberto Serna & Asociados*, compañía que ha sido contratada por su empresa, con el propósito de evaluar la calidad del servicio que actualmente le brinda al cliente. Le agradezco su amable colaboración para lograr este objetivo.

PERFIL DEL ENCUESTADO

EMPRESA _____   SEGMENTO _____
NOMBRE _____   CARGO _____
TELÉFONO _____   DIRECCIÓN _____
CIUDAD _____   ENCUESTADOR _____

1. De acuerdo con la experiencia que usted ha tenido con su compañía, ¿cuál es su nivel de satisfacción con respecto al servicio que en general le ofrece esta compañía?

MS	S	IND	INS	MINS	NA
__	__	__	__	__	__

    ¿Por qué? (2 Características básicas)
    _____
    _____

2. Cómo califica la imagen de la compañía, en relación con:

	MB	B	R	M	MM	NA
a. Seriedad de la empresa	__	__	__	__	__	__
b. Agresividad comercial	__	__	__	__	__	__
c. Respaldo del grupo Suramericano	__	__	__	__	__	__
d. Solidez financiera	__	__	__	__	__	__

3. Cómo evalúa usted la visita personal que recibe por parte del funcionario de la compañía, en cuanto a:

	MB	B	R	M	MM	NA
a. Amabilidad del funcionario	__	__	__	__	__	__

b. Presentación personal
   c. Habilidad para comunicarse
   d. Puntualidad y cumplimiento
   e. Frecuencia de visitas
   f. Conocimiento de los productos
   g. Conocimiento de los
      negocios de su empresa y
      sus proyecciones
   h. Solución a inquietudes
   i. Toma de decisiones
   j. Calidad de la asesoría

4. ¿Cuál es la frecuencia anual de visitas que le gustaría recibir?

   a. De 1 a 2 visitas ____
   b. De 3 a 4 visitas ____
   c. 5 o más visitas ____

5. ¿Qué tan satisfecho está usted con la comunicación telefónica con las oficinas de la compañía, en cuanto a:

	MS	S	IND	INS	MINS	NA
a. Facilidad para comunicarse						
b. Tiempo transferencia de la llamada						
c. Disponibilidad del funcionario						
d. Amabilidad en la atención suministrada						
f. Devolución de la llamada						

6. ¿Cuál es su grado de satisfacción en cuanto al proceso de solicitud y aprobación de operaciones, en lo relacionado con:

	MS	S	IND	INS	MINS	NA
a. Número de requisitos solicitados						
b. Facilidad en el diligenciamiento del formulario						
c. Facilidad recolección de documentos anexos						
d. Monto de la aprobación						
e. Tiempo para la aprobación						

f. Verificación de la información
      financiera por parte del
      analista de crédito   ___ ___ ___ ___ ___ ___
   g. Flexibilidad en los procesos
      de solicitud y aprobación   ___ ___ ___ ___ ___ ___

7. Qué tan satisfecho está usted con el proceso de legalización del contrato, con respecto a las siguientes variables:

	MS	S	IND	INS	MINS	NA
a. Facilidad de interpretación de todo el paquete del contrato	___	___	___	___	___	___
b. Facilidad para legalizar el contrato	___	___	___	___	___	___

8. ¿Cómo califica usted, en términos generales, el sistema de pago de la compañía a sus proveedores, en cuanto a:

	MS	S	IND	INS	MINS	NA
a. Tiempo de pago	___	___	___	___	___	___
b. Cumplimiento condiciones de pago	___	___	___	___	___	___
c. Pago anticipado a proveedores	___	___	___	___	___	___

9. ¿Qué beneficio básico le genera el pago anticipado a proveedores?
   _____
   _____

10. Qué tan satisfecho se encuentra usted con el proceso de pago de los cánones de arrendamiento, en cuanto a:

	MS	S	IND	INS	MINS	NA
a. Oportunidad envío cuentas de cobro	___	___	___	___	___	___
b. Número de lugares donde se puede efectuar el pago	___	___	___	___	___	___
c. Amabilidad de la atención en las oficinas	___	___	___	___	___	___
d. Tiempo de espera para ser atendido, en las oficinas						
e. Disponibilidad de horarios de atención en las oficinas	___	___	___	___	___	___

f. Tiempo de envío comprobante de pago cuando utiliza otras oficinas diferentes   ___ ___ ___ ___ ___ ___

11. Cómo evalúa usted los productos que ofrece la compañía, en lo que se refiere a:

	MB	B	R	M	MM	NA
a. Diversidad de productos	___	___	___	___	___	___
b. Innovación	___	___	___	___	___	___
c. Negociación	___	___	___	___	___	___
d. Plazos de leasing	___	___	___	___	___	___

12. ¿Ha utilizado el producto de leasing de importación?

    SÍ _____   NO _____

13. ¿Cuál es su nivel de satisfacción en general con el producto de leasing de importación?

MS	S	IND	INS	MINS	NA
___	___	___	___	___	___

    ¿Por qué? (2 características básicas)
    _____
    _____

14. ¿Cómo califica usted el producto de leasing de importación, en lo que se refiere a:

	MB	B	R	M	MM	NA
a. Tiempo de entrega del equipo	___	___	___	___	___	___
b. Calidad de la información suministrada en el seguimiento del equipo	___	___	___	___	___	___
c. Soporte de la liquidación	___	___	___	___	___	___
d. Tiempo llegada de la liquidación	___	___	___	___	___	___

15. Cuál es el grado de satisfacción con el proceso de postservicio de la compañía, en cuanto a los siguientes aspectos:

	MS	S	IND	INS	MINS	NA
a. Actualización información financiera	___	___	___	___	___	___

b. Renovación de pólizas   __ __ __ __ __ __
   c. Visitas de mantenimiento   __ __ __ __ __ __
   d. Visitas de inspección de
   equipos   __ __ __ __ __ __

16. ¿Trabaja usted con otras compañías nacionales o internacionales de leasing?

    SÍ ____   NO ____

17. ¿Cuáles son para usted los dos principales competidores de la compañía?

    1. _____
    2. _____

18. ¿Cómo evalúa usted cada uno de los competidores que mencionó anteriormente, frente al servicio que le ofrece la compañía, en cuanto a:

    Instrucción:

    Es _____ superior, igual o inferior a la compañía, en cuanto a:

ASPECTO	COMPETIDOR 1				COMPETIDOR 2			
	SUP	IGUAL	INF	NA	SUP	IGUAL	INF	NA
a. Imagen								
b. Atención personalizada								
c. Calidad de la asesoría								
d. Comunicación telefónica								
e. Requisitos solicitados								
f. Tiempo aprobación de de operaciones								
g. Montos aprobados								
h. Diversidad de productos								
i. Cánones de negociación								
j. Plazos otorgados								
k. Número de lugares donde se puede efectuar el pago								
l. Facilidades para efectuar el pago								
m. Proceso de legalización del contrato								
n. Cubrimiento comercial								

Instrucción:

La calificación de Superior para la variable **Cánones de Negociación** indica que son más altos que la competencia.

19. ¿Cuáles son las necesidades y expectativas que actualmente tiene usted frente a los productos y servicios que ofrece la compañía?
_____
_____
_____
_____

20. En su opinión ¿qué le hace falta a la compañía para que el servicio sea el ideal?
_____
_____
_____

B. El grupo foco

Objetivo

Determinar las necesidades y expectativas del cliente, y sus factores generadores de satisfacción e insatisfacción, tomando la percepción de un grupo de referencia.

Descripción

Este método permite recolectar información de diferentes clientes, con base en un proceso de análisis y evaluación del ciclo del servicio de la organización auditada.

La clasificación de los grupos foco que se pueden utilizar en la auditoría del servicio depende de las diferentes clases de clientes que la entidad atiende; es así como, en una entidad financiera que presta sus servicios a banca individual, empresarial, corporativa y de inversión, es necesario definir al menos cuatro (4) grupos foco, de acuerdo con el perfil del cliente que evalúa la organización.

Los personas que hacen parte de un grupo foco deben pertenecer al mismo segmento de clientes, pues el ciclo del servicio suele ser diferente en cada caso.

Un grupo foco recibe este nombre pues centra su análisis en el ciclo del servicio, evaluando la calidad del servicio que se ofrece y facilitando la definición de las necesidades y expectativas de los clientes.

La calidad de la información obtenida utilizando como método los grupos foco depende de la participación de un facilitador con habilidad en dinámica de grupos y de un ambiente de discusión adecuado. Además, se pueden realizar grabaciones con el propósito de disponer de información más completa.

Actividades

Las actividades que se deben realizar para utilizar los grupos foco en la auditoría, son:

1. Defina los segmentos de clientes de la organizacion evaluada.

2. Retome los ciclos del servicio asociados a cada segmento de clientes, tomando como referencia el análisis del ciclo del servicio realizado con anterioridad.

3. Determine el número de grupos focos y su conformación, de acuerdo con los diferentes segmentos de clientes de la organización.

4. Defina el perfil del facilitador o moderador de la discusión para cada grupo foco, considerando el conocimiento que se requiere sobre el ciclo del servicio y las habilidades como entrevistador y en dinámica de grupos.

5. Seleccione los facilitadores de cada grupo foco.

6. Capacite a los facilitadores en las características del (los) ciclo(s) del servicio que se pretende(n) evaluar.

7. Defina la agenda de discusión de cada grupo foco, procurando que se evalúe todo el ciclo del servicio y se facilite la definición de las necesidades y expectativas de los clientes.

8. Reúna en un ambiente adecuado cada grupo foco.

9. Valide la conformación del grupo foco.

10. Realice, grabe y documente la discusión de cada grupo foco.

Aplicación

La discusión que se realiza por medio de un grupo foco tiene una duración entre una y dos horas, en la cual participan de ocho a doce personas, bajo la dirección de un facilitador capacitado en dinámica de grupos.

El moderador del grupo de discusión debe permitir la evaluación de todo el ciclo del servicio y facilitar la definición de las necesidades y expectativas de los clientes de la organización.

GRUPOS FOCO
CLIENTE: RECURSOS HUMANOS

1. Satisfacción general en su relación con la compañía.

2. Proceso de afiliación a la compañía.

   Disponibilidad del asesor.
   Amabilidad del asesor.
   Claridad en la información suministrada.
   Solución a inquietudes.
   Tipo de contacto que desearía (telefónico, visita a la empresa).

*3. Satisfacción - Proceso de trámite de novedades.

   Facilidad en la comunicación.
   Conocimiento del proceso (por parte de recursos humanos).
   Oportunidad para la realización de la novedad.
   Información recibida.

4. Satisfacción. Actualización de la información (productos, servicios, tarifas, etc.).

5. Satisfacción - Costo del servicio (Comparación con la competencia).

6. En general, qué problemas se le han presentado y qué sugerencias tendría.

7. Información Ley 100.

* Resaltar

GRUPOS FOCO
CLIENTE: MÉDICOS

1. Satisfacción general en su relación con la compañía.

2. Satisfacción.

   Ingreso a la guía médica.
   Requisitos de ingreso.
   Facilidad de Ingreso.
   Tiempo de aprobación.

3. Satisfacción. Proceso de inducción.

   Claridad de la información recibida.
   Aplicabilidad de la información recibida.
   Tiempo de duración del proceso.

4. Proceso - proceso de cobro - pago de servicios.

4.1 Radicación de la cuenta de cobro.

   Facilidad de diligenciamiento del formulario.
   Amabilidad del cajero.
   Conocimiento de los productos y procesos.
   Tiempo en fila.

4.2 Proceso de pago

   Trámite de pago.
   Tiempo (radicación cuenta de cobro vs. pago)
   Conformidad de la cuenta de cobro vs. el pago
   Tiempo en fila.
   Conformidad (recepción cuentas de cobro el día del cierre).

5. Satisfacción proceso de auditoría médica.

6. Satisfacción

   Orientación recibida.
   Actualización - Información general (nuevos productos, procesos, etc.)
   Solución a inquietudes.

7. En general, ¿qué problemas se le han presentado y qué sugerencias tendría?

4.1.7.6. Herramientas de medición combinadas

Estas herramientas de medición combinadas reciben el nombre de Entrevista-Encuesta, y sus características están definidas por la forma de estructurar de manera independiente una encuesta y una entrevista.

Las herramientas de medición combinadas son instrumentos utilizados para evaluar el ciclo del servicio que incluyen preguntas abiertas y cerradas, las cuales permiten la obtención de índices de satisfacción y de competitividad, desde el punto de vista cuantitativo.

Adicionalmente, hacen posible determinar los factores generadores de satisfacción e insatisfacción, y facilitan la definición de las necesidades y expectativas de los clientes de la organización evaluada, como resultado de la información cualitativa obtenida.

4.1.7.7. Utilización de hojas de respuestas

Objetivo

Reducir costos, facilitar el trabajo de campo y la tabulación posterior, con base en la utilización de hojas de respuesta para cada uno de los instrumentos de medición de la auditoría.

Descripción

Las hojas de respuesta se caracterizan por incluir:

1. Encabezado.
2. Instrucciones.
3. Cuerpo.

El encabezado corresponde a la identificación básica del cliente y del encuestador.

Las instrucciones se presentan con el propósito de explicar el uso de la hoja de respuestas a quienes son responsables del trabajo de campo.

El cuerpo de la hoja de respuestas incluye un código asociado a cada pregunta. Además, incluye un código correspondiente a cada posible respuesta.

De esta manera, cada persona que hace parte del grupo de trabajo de campo dispondrá de un cuestionario de referencia y de un número de hojas de respuestas correspondientes al número de personas que debe encuestar.

Actividades

1. Codifique las preguntas del cuestinario de referencia.

2. Codifique las respuestas alternativas del cuestionario de referencia.

3. Estructure la hoja de respuestas, considerando su encabezado, las instrucciones y el cuerpo.

4.1.7.8. Diseñar la muestra

ACTIVIDADES PARA EL DISEÑO DE LA MUESTRA

1. Defina la población objetivo de la auditoría del servicio.

2. Determine las características de la población estudiada.

3. Defina el tamaño de la muestra.

4. Estratifique la muestra, con base en las características de la población analizada.

EJEMPLO DE APLICACIÓN

Consideremos el siguiente ejemplo:

PRESENTACIÓN EN EL CUESTIONARIO DE REFERENCIA

PREGUNTA	DESCRIPCIÓN
25	¿Qué tan satisfecho se encuentra usted con la calidad de la asesoría que recibe del funcionario del banco que lo atiende?

ALTERNATIVAS DE RESPUESTA	MS	S	I	INS	MINS	NA
CÓDIGO ASIGNADO	5	4	3	2	1	0

RESPUESTA: El cliente responde que se encuentra insatisfecho **(INS = 2)**

NOTACIÓN

MS : Muy satisfecho

S : Satisfecho

I : Indiferente.

INS : Insatisfecho.

MINS: Muy insatisfecho.

NA : No aplica.

PRESENTACIÓN EN LA HOJA DE RESPUESTAS

CÓDIGO DE LA PREGUNTA	CÓDIGO DE LA RESPUESTA OBTENIDA
25:	2

CODIFICACIÓN

	1	0.75	0.5	0.25	0	
	MS	S	IND	INS	MINS	NA
1						
2						
3						
4						
5						
6						
8						
9						
10						
12						
13						
15						
16						
	0	0		0		0

	100%	75%	50%	25%	0%	
	MS	S	IND	INS	MINS	NA
1	#####	#####	#####	#####	#####	#####
2	#####	#####	#####	#####	#####	#####
3	#####	#####	#####	#####	#####	#####
4	#####	#####	#####	#####	#####	#####
5	#####	#####	#####	#####	#####	#####
6	#####	#####	#####	#####	#####	#####
8	#####	#####	#####	#####	#####	#####
9	#####	#####	#####	#####	#####	#####
10	#####	#####	#####	#####	#####	#####
12	#####	#####	#####	#####	#####	#####
13	#####	#####	#####	#####	#####	#####
15	#####	#####	#####	#####	#####	#####
16	#####	#####	#####	#####	#####	#####
	#####	#####	#####	#####	#####	#####

	MS	S	IND	INS	MINS	NA
1		1				
2		1				
3	1					
4	1					
5						
6		1				
8		1				
9				1		
10				1		
12						1
13		1				
15		1				
16						
	2	6	2	2		1

	100%	75%	50%	25%	0%	
	MS	S	IND	INS	MINS	NA
1	0.0%	6.3%	0.0%	0.0%	0.0%	0.0%
2	0.0%	6.3%	0.0%	0.0%	0.0%	0.0%
3	8.3%	0.0%	0.0%	0.0%	0.0%	0.0%
4	8.3%	0.0%	0.0%	0.0%	0.0%	0.0%
5	0.0%	0.0%	4.2%	0.0%	0.0%	0.0%
6	8.3%	6.3%	0.0%	0.0%	0.0%	0.0%
8	0.0%	6.3%	0.0%	0.0%	0.0%	0.0%
9	0.0%	0.0%	0.0%	2.1%	0.0%	0.0%
10	0.0%	6.3%	0.0%	2.1%	0.0%	0.0%
12	0.0%	0.0%	0.0%	0.0%	0.0%	0.0%
13	0.0%	6.3%	0.0%	0.0%	0.0%	0.0%
15	0.0%	6.3%	0.0%	0.0%	0.0%	0.0%
16	0.0%	0.0%	4.2%	0.0%	0.0%	0.0%
	#####	#####	8.3%	4.2%	0.0%	0.0%

SERVICIO AL CLIENTE **117**

	MS	S	IND	INS	MINS	NA
1		1		1		
2		1				
3						
4						1
5						1
6						1
8						1
9			1			
10						
12						1
13		1				
15		1				
16					1	
		4	1	1	1	6

	100%	75%	50%	25%	0%	
	MS	S	IND	INS	MINS	NA
1	0.0%	0.0%	0.0%	3.6%	0.0%	0.0%
2	0.0%	#####	0.0%	0.0%	0.0%	0.0%
3	0.0%	#####	0.0%	0.0%	0.0%	0.0%
4	0.0%	0.0%	0.0%	0.0%	0.0%	0.0%
5	0.0%	0.0.%	0.0%	0.0%	0.0%	0.0%
6	0.0%	0.0%	0.0%	0.0%	0.0%	0.0%
8	0.0%	0.0%	0.0%	0.0%	0.0%	0.0%
9	0.0%	0.0%	7.1%	0.0%	0.0%	0.0%
10	0.0%	0.0%	0.0%	0.0%	0.0%	0.0%
12	0.0%	0.0%	0.0%	0.0%	0.0%	0.0%
13	0.0%	#####	0.0%	0.0%	0.0%	0.0%
15	0.0%	#####	0.0%	0.0%	0.0%	0.0%
16	0.0%	0.0%	0.0%	0.0%	0.0%	0.0%
	0.0%	#####	7.1%	3.6%	0.0%	0.0%

MARCO TEÓRICO PARA EL DISEÑO DE LA MUESTRA

Conceptos básicos

Estadística

La estadística aplicada en la auditoría del servicio se define como un conjunto de técnicas y herramientas que permiten la recolección, análisis, representación e interpretación de datos sobre la satisfacción del cliente, con el propósito de obtener y mantener información para la administración de la calidad del servicio que se ofrece.

Población

Conjunto de personas, elementos o aspectos base del análisis estadístico.

Ejemplos

1. Conjunto de clientes actuales de banca corporativa de una entidad financiera.
2. Número de clientes actuales de Banca Personal que han solicitado crédito durante el último año.

Muestra

Parte o subconjunto de individuos, elementos o aspectos de una población.

Ejemplos

1. Subconjunto de clientes actuales de Banca Corporativa, cuyo promedio mensual en su cuenta corriente es superior a US$100,000.oo.
2. Número de clientes actuales de Banca Personal que han solicitado crédito durante el último año, cuya antigüedad supera los tres (3) años.

Inferencia

El objetivo de cualquier estudio basado en el muestreo es inferir o deducir el comportamiento de la población, partiendo de los resultados obtenidos en el análisis de una muestra representativa.

La auditoría del servicio aplica generalmente la estadística inferencial, es decir, es necesario definir una muestra de los clientes actuales, con el propósito de determinar su satisfacción.

Muestreo

La definición de la muestra en la auditoría permite que los datos se obtengan en forma más eficiente, confiable y oportuna, pues evita la fatiga y los altos costos que puede ocasionar la evaluación de toda la población, lo que muy probablemente llevaría a distorsionar los resultados obtenidos.

El objetivo de este documento no es preparar al lector en el manejo de procedimientos estadísticos, sino presentar de manera general el concepto de muestreo y su relación con la metodología de la auditoría del servicio.

La definición del tamaño de la muestra es uno de los aspectos más importantes de la auditoría del servicio, de forma tal que los resultados de la evaluación de la calidad del servicio sean representativos, válidos y confiables; razón por la cual es recomendable la asesoría de un estadístico experimentado en el diseño del plan de muestreo.

DEFINICIÓN DEL TAMAÑO DE LA MUESTRA

Descripción

Definir el tamaño de la muestra es uno de los aspectos más importantes en lo relativo al muestreo probabilístico, pues de su representatividad va a depender su validez y confiabilidad, sin dejar de lado los costos en los que habría que incurrir para llevar a cabo la auditoría.

El tamaño de la muestra depende de:

1. Los objetivos de la auditoría.

2. Las características de la población.

3. Los recursos y tiempo disponible para llevar a cabo el estudio.

4. El nivel de confianza de la auditoría.

5. El error de estimación permitido en el estudio.

Para calcular el tamaño de la muestra, existen diferentes métodos y fórmulas, cuya aplicación dependerá de los aspectos mencionados anteriormente.

En la auditoría del servicio han tenido aplicación las siguientes fórmulas alternativas, para el cálculo del tamaño de la muestra*:

*Alternativa I

Basado en los conceptos de la Distribución Normal.

---

* Es importante anotar que en este documento la manera de despejar las fórmulas para obtener el tamaño de la muestra no hace parte de nuestros objetivos. Para profundizar en esta temática aconsejamos consultar textos especializados en muestreo.

Sean: Z = Nivel de confianza.
e = Error de estimación.
p = Probabilidad a favor.
q = Probabilidad en contra.
n = Tamaño de la muestra.

Entonces,

$$n = \frac{Z^2}{e^2} * p * q$$

Como casi nunca se logra conocer "p", entonces se utiliza p igual a 0.5, que produce el mayor tamaño posible de la muestra, lo que define un criterio conservador en este aspecto.

Como p + q = 1, entonces p = 0.5 y q = 0.5

El nivel de confianza Z se obtiene de la Tabla de Áreas Bajo la Curva Normal Estándar.

Ver Tabla de Áreas Bajo la Curva Normal Estándar.

* Alternativa II

Basado en el tamaño de la población.

Sean: N = Tamaño de la población.
B = Error de estimación.
D = Ajuste del error de estimación.
p = Probabilidad a favor.
q = Probabilidad en contra.
n = Tamaño de la muestra.

Con:

$$p + q = 1$$

$$D = \frac{B^2}{4}$$

Entonces,

$$n = \frac{Npq}{(N-1)D + pq}$$

Actividades

1. Defina el nivel de confianza (Z) con el cual desea trabajar, el cual está definido por el Grupo de Planeación de la Auditoría. (Por ejemplo, un 95%)

2. Determine el error de estimación (e ó B, para la alternativa I ó II), por parte del grupo de planeación, por ejemplo, un 4%.

3. Aplique la fórmula para el cálculo del tamaño de la muestra.

Factor de corrección de la muestra

Si n (tamaño de la muestra) está cerca del 10% del tamaño de la población, se puede usar el factor de corrección de la muestra, con el fin de obtener una muestra más pequeña, pero igualmente representativa. Veamos:

$$n1 = \frac{n}{1 + \dfrac{n-1}{N}}$$

Ejemplos:

* Alternativa I

1. Un banco se encuentra interesado en determinar la satisfacción de sus 6,000 clientes de Banca Corporativa, teniendo en cuenta:

N = 6,000

Z = 95%

e = 4%

p = 0.5

q = 0.5

Para un Z (nivel de confianza) del 95% el valor normal estándar es de 1.96 Ver Tabla de Áreas Bajo la Curva Normal Estándar.

Entonces,

$$n = \frac{Z^2}{e^2} * p * q$$

$$= \frac{(1.96)^2}{(0.04)^2} * 0.5 * 0.5$$

$$= 686$$

Al ser N = 6000 y la muestra obtenida 686, que corresponde a un valor cercano al 10% de la población, tenemos:

$$n1 = \frac{n}{1 + \frac{n-1}{N}}$$

$$= \frac{686}{1 + \frac{685}{6000}} = 616$$

Por lo tanto, el Banco deberá considerar una muestra de 616 clientes de Banca Corporativa, con el propósito de determinar su satisfacción.

Alternativa II

2. Una oficina de una institución financiera ha decidido evaluar la calidad del servicio que ofrece a sus clientes de Banca Individual, para lo cual considera:

N = 5000
B = 3%
p = 0.5
q = 0.5

Entonces,

$$D = \frac{B^2}{4} = \frac{(0.03)^2}{4} = 0.000225$$

Por lo tanto, el tamaño de la muestra que se requiere es de:

$$n = \frac{Npq}{(N-1)D + pq} = \frac{5{,}000(0.5)(0.5)}{4999(0.000225)+(0.5)(0.5)}$$

$$= 909 \text{ personas.}$$

La institución financiera debe considerar una muestra de 909 personas, con un error de estimación del 3%, con el propósito de conocer la calidad del servicio que le ofrece a sus clientes de Banca Individual.

* En las siguientes páginas se encuentran las tablas de los valores bajo la Curva Normal Estándar que se basan en la simetría de la función para determinar las diferentes áreas a través de transformaciones simples.

Por ejemplo, sea z un valor y p denote la probabilidad, el valor de z tal que $p(-z < x < z) = 0.95$ ó 95% es tal que $f(z) - (1-f(z)) = 0.95$ de donde se obtiene que $f(z) = 0.975$; buscando este valor en la tabla de la Normal encontramos un $z = 1.96$.

TABLA ÁREAS BAJO CURVA NORMAL ESTÁNDAR

$$\int_{-\infty}^{z} \phi \, z \, 1/2$$

Z	.00	.01	.02	.03	.04	.05	.06	.07	.08	.09
-3.5	.0002	.0002	.0002	.0002	.0002	.0002	.0002	.0002	.0002	.0002
-.3.4	.0003	.0003	.0003	.0003	.0003	.0003	.0003	.0003	.0003	.0002
-3.3	.0005	.0005	.0005	.0004	.0004	.0004	.0004	.0004	.0004	.0003
-3.2	.0007	.0007	.0006	.0006	.0006	.0006	.0006	.0005	.0005	.0005
-3.1	.0010	.0009	.0009	.0009	.0008	.0008	.0008	.0008	.0007	.0007
-3.0	.0013	.0013	.0013	.0012	.0012	.0011	.0011	.0011	.0010	.0010
-2.9	.0019	.0018	.0018	.0017	.0016	.0016	.0015	.0015	.0014	.0014
-2.8	.0026	.0025	.0024	.0023	.0023	.0022	.0021	.0021	.0020	.0019
-2.7	.0035	.0034	.0033	.0032	.0031	.0030	.0029	.0028	.0027	.0026
-2.6	.0047	.0045	.0044	.0043	.0041	.0040	.0039	.0038	.0037	.0036
-2.5	.0062	.0060	.0059	.0057	.0055	.0054	.0052	.0051	.0049	.0018
-2.4	.0082	.0080	.0078	.0075	.0073	.0071	.0069	.0068	.0068	.0064
-2.3	.0107	.0104	.0102	.0099	.0096	.0094	.0091	.0089	.0087	.0084
-2.2	.0139	.0136	.0132	.0129	.0125	.0122	.0119	0.116	.0113	.0110
-2.1	.0179	.0174	.0170	.0166	.0162	.0158	.0154	.0150	.0146	.0148
-2.0	.0228	.0222	.0217	.0212	.0207	.0202	.0197	.0192	.0188	.0183
-1.9	.0287	.0281	.0274	.0268	.0262	.0256	.0250	.0244	.0239	.0233
-1.8	.0359	.0351	.0344	.0336	.0329	.0322	.0314	.0307	.0301	.0294
-1.7	.0446	.0436	.0427	.0418	.0409	.0401	.0392	.0384	.0375	0.367
-1.6	.0548	.0537	.0526	.0516	.0505	.0495	.0485	.0475	.0465	.0455
-1.5	.0668	.0655	.0643	.0630	.0618	.0606	.0594	.0582	.0571	.0559
-1.4	.0808	.0793	.0778	.0764	0.749	.0735	.0721	.0708	.0694	.0681
-1.3	.0968	.0951	.0934	.0918	.0901	.0885	.0869	.0853	.0838	.0823
-1.2	.1151	.1131	.1112	.1093	.1075	.1056	.1038	.1020	.1003	.0985
-1.1	.1357	.1335	.1314	.1292	.1271	.1251	.1230	.1210	.1190	.1170
-1.0	.1587	.1562	.1539	.1515	.1492	.1469	.1446	.1423	.1401	.1379
-0.9	.1841	.1814	.1788	.1762	.1736	.1711	.1685	.1660	.1635	.1611
-0.8	.2110	.2090	.2061	.2033	.2005	.1977	.1949	.1922	.1894	.1807
-0.7	.2420	.2389	.2358	.2327	.2296	.2266	.2236	.2206	.2177	.2148
-0.6	.2743	.2709	.2676	.2643	.2611	.2578	.2546	.2514	.2483	.2451
-0.5	.3085	.3050	.3015	.2981	.2946	.2912	.2877	.2843	.2810	.2776
-0.4	.3446	.3409	.3372	.3336	.3300	.3264	.3228	.3192	.3156	.3121
-0.3	.3821	.3783	.3745	.3707	.3669	.3632	.3594	.3557	.3520	.3483
-0.2	.4207	.4168	.4129	.4090	.4052	.4013	.3974	.3936	.3897	.3859
-0.1	.4607	.4562	.4522	.4483	.4443	.4404	.4364	.4325	.4286	.4247
-0.0	.5000	.4960	.4920	.4880	.4810	.4801	.4761	.4721	.4681	.4641

TABLA ÁREAS BAJO CURVA NORMAL ESTÁNDAR

$$\int_{-\infty}^{t} \phi(t)dt$$

Z	.00	.01	.02	.03	.04	.05	.06	.07	.08	.09
+0.0	.5000	.5040	.5080	.5120	.5160	.5199	.5239	.5279	.5319	.5359
+0.1	.5398	.5438	.5478	.5517	.5557	.5596	.5636	.5675	.5714	.5753
+0.2	.5793	.5832	.5871	.5910	.5948	.5987	.6026	.6064	.6103	.6141
+0.3	.6179	.6217	.6255	.6293	.6331	.6308	.6406	.6443	.6480	.6517
+0.4	.6554	.6591	.6628	.6664	.6700	.6736	.6772	.6808	.6844	.6879
+0.5	.6915	.6950	.6985	.7019	.7054	.7088	.7123	.7157	.7100	.7224
+0.6	.7257	.7291	.7324	.7357	.7389	.7422	.7454	.7486	.7517	.7549
+0.7	.7580	.7611	.7642	.7673	.7704	.7734	.7764	.7794	.7823	.7852
+0.8	.7881	.7910	.7939	.7967	.7995	.8023	.8051	.8078	.8106	.8133
+0.9	.8159	.8188	.8212	.8238	.8264	.8289	.8315	.8340	.8365	.8689
+1.0	.8413	.8438	.8461	.8485	.8508	.8531	.8554	.8577	.8599	.8621
+1.1	.8643	.8665	.8656	.8708	.8729	.8749	.8770	.8790	.8810	.8830
+1.2	.8349	.8869	.8888	.8907	.8925	.8944	.8962	.8960	.8907	.9015
+1.3	.9032	.9049	.9066	.9082	.9099	.9015	.9131	.9147	.9162	.9177
+1.4	.9192	.9207	.9222	.9236	.9251	.9265	.9279	.9292	.9306	.9319
+1.5	.9332	.9345	.9357	.9370	.9382	.9394	.9406	.9418	.9429	.9441
+1.6	.9452	.9463	.9474	.9484	.9495	.9505	.9515	.9525	.9535	.9545
+1.7	.9554	.9564	.9573	.9582	.9591	.9599	.9608	.9616	.9625	.9633
+1.8	.9641	.9649	.9656	.9664	.9671	.9678	.9686	.9693	.9699	.9706
+1.9	.9713	.9719	.9726	.9732	.9738	.9744	.9750	.9756	.9761	.9767
+2.0	.9772	.9778	.9783	.9788	.9793	.9798	.9803	.9808	.9212	.9817
+2.1	.9821	.9826	.9830	.9834	.9838	.9842	.9846	.9850	.9854	.9857
+2.2	.9861	.9864	.9868	.9871	.9875	.9878	.9881	.9884	.9887	.9890
+2.3	.9893	.9896	.9898	.9901	.9904	.9906	.9909	.9911	.9913	.9916
+2.4	.9918	.9920	.9922	.9925	.9927	.9929	.9931	.9932	.9934	.9936
+2.5	.9938	.9940	.9941	.9943	.9945	.9946	.9948	.9949	.9951	.9952
+2.6	.9953	.9955	.9956	.9957	.9959	.9960	.9961	.9962	.9963	.9964
+2.7	.9965	.9966	.9967	.9968	.9969	.9970	.9971	.9972	.9973	.9974
+2.8	.9974	.9975	.9976	.9977	.9977	.9978	.9979	.9979	.9980	.9981
+2.9	.9981	.9982	.9982	.9983	.9984	.9984	.9985	.9985	.9986	.9986
+3.0	.9987	.9987	.9987	.9988	.9988	.9989	.9989	.9989	.9990	.9990
+3.1	.9990	.9991	.9991	.9991	.9992	.9992	.9992	.9992	.9993	.9993
+3.2	.9993	.9993	.9994	.9994	.9994	.9994	.9994	.9995	.9995	.9995
+3.3	.9995	.9995	.9995	.9996	.9996	.9996	.9996	.9996	.9996	.9997
+3.4	.9997	.9997	.9997	.9997	.9997	.9997	.9997	.9997	.9997	.9998
+3.5	.9998	.9998	.9998	.9998	.9998	.9998	.9998	.9998	.9998	.9998

Cuadro No.9 ALTERNATIVAS DE MUESTREO

MUESTREO PROBABILÍSTICO	Muestreo Aleatorio Simple
	Muestreo Estratificado
	Muestreo Sistemático
	Muestreo por Conglomerados

MUESTREO NO PROBABILÍSTICO	Muestreo de Decisión
	Muestreo de Cuota
	Muestreo Basado en Expertos
	Muestreo de Fácil Estudio

MUESTREO PROBABILÍSTICO

Utiliza el método científico para seleccionar la muestra de referencia de la auditoría.

Parte del supuesto de que cada unidad de la población tiene la misma probabilidad de ser seleccionada en la muestra.

El muestreo probabilístico puede llevarse a cabo por muestreo aleatorio simple, estratificado, sistemático o por conglomerados.

A. Muestreo aleatorio simple

Descripción

El método utilizado para seleccionar una unidad de la población es aleatorio, es decir, cada unidad de la población que aún no ha sido elegida tiene la misma oportunidad de ser seleccionada dentro de la muestra.

El muestreo aleatorio simple puede ser con reemplazo, es decir, cada unidad de la población se puede elegir más de una vez; o sin reemplazo, aquel en el cual cada miembro de la población puede elegirse una sola vez.

En el caso de la auditoría del servicio, el muestreo aleatorio simple que se utiliza es el muestreo sin reemplazo.

Actividades

1. Enumere los elementos de la población.

2. Seleccione en forma arbitraria "n" números de la lista obtenida en la actividad anterior.

Ejemplo:

Objetivo: Analizar la calidad del servicio que se ofrece a los clientes de una oficina, con respecto a las inversiones que se realizan en títulos valores.

Actividad 1: Se determina que el tamaño de la población es de 1.200 clientes.

Actividad 2: Se numeran los clientes de la población. (De 1 a 1.200).

Actividad 3: Se define como tamaño de la muestra el 10% de la población. (120 clientes).

Actividad 4: Se eligen 120 números entre 1 a 1,200, en forma arbitraria.

Resultado: Se ha obtenido una muestra aleatoria simple de 120 clientes que han invertido en un título valor en una oficina determinada.

B. Muestreo estratificado

Descripción

El muestreo estratificado divide la población en estratos o subgrupos, y selecciona una muestra aleatoria simple dentro de cada uno de ellos.

La utilidad de la estratificación depende de que los subgrupos se puedan definir con facilidad y claridad.

Las características de la población determinan la posibilidad de la utilización de la estratificación.

En este sentido, cuando los subgrupos que se puedan definir presenten claras diferencias, sean idenficables y convenientes, el muestreo estratificado tendrá una razón de ser.

Actividades

1. Especifique cada estrato, en forma clara y detallada.

2. Seleccione una muestra aleatoria de cada estrato.

Ejemplo

Objetivo: Analizar la calidad del servicio que se le ofrece a los clientes de un banco, considerando el valor de las captaciones que éstos generan.

Actividad 1: Se definen tres (3) estratos sobre la población, con base en la clasificación de los clientes en tres (3) bancas, de acuerdo al nivel de captaciones que generan:

Banca Individual

Persona natural, que genera niveles de captación de hasta US$ 10,000.oo mensuales.

Banca Empresarial

Persona natural o jurídica, que genera niveles de captación desde US$ 10,001.oo hasta US$ 100,000.oo mensuales.

Banca Corporativa

Persona jurídica, que genera niveles de captación superiores a US$ 100,001.oo mensuales.

Actividad 2: Se define el tamaño de cada estrato:

BANCA	POBLACIÓN
Individual	4.500
Empresarial	1.500
Corporativa	500
TOTAL	**6.500**

Actividad 3: Se numeran los clientes de cada estrato.

BANCA	NUMERACIÓN
Individual	De 1 hasta 4.500
Empresarial	De 1 hasta 1.500
Corporativa	De 1 hasta 500

Actividad 4: Se definen como tamaño de la muestra 600 clientes.

Actividad 5: Se definen los clientes seleccionados de cada estrato, de acuerdo a su representatividad.

BANCA	REPRESENTATIVIDAD	MUESTRA
Individual	4.500 / 6.500 = 69.2%	0.692 * 600 = 415
Empresarial	1.500 / 6.500 = 23.1%	0.231 * 600 = 139
Corporativa	500 / 6.500 = 7.7%	0.077 * 600 = 46
TOTAL	100.0%	600

Actividad 6: Se selecciona una muestra aleatoria de cada estrato, de la siguiente manera:

- Se eligen 415 números entre 1 a 4,500, en forma arbitraria, correspondientes al estrato de Banca Individual.

- Se eligen 139 números entre 1 a 1,500, en forma arbitraria, correspondientes al estrato de Banca Empresarial.

- Se eligen 46 números entre 1 a 500, en forma arbitraria, correspondientes al estrato de Banca Corporativa.

Resultado: Se ha obtenido una muestra estratificada de 600 clientes de un Banco, tomando como referencia el valor de captaciones que éstos generan.

C. Muestreo sistemático

Descripción

El propósito del muestreo sistemático es simplificar el método de selección de la muestra.

El procedimiento utilizado por el muestreo sistemático consiste en elegir las unidades que harán parte de la muestra, con base en un intervalo de selección, de forma tal que después de que suceda el intervalo, se incluya este elemento de la población en la muestra de referencia.

Actividades

1. Defina el intervalo de selección.

Sean, I: Intervalo de selección
N: Tamaño de la población
n: Tamaño de la muestra

$$I = \frac{N}{n}$$

2. Seleccione las unidades de la población con base en el intervalo obtenido.

Ejemplo

Objetivo: Analizar la calidad del servicio que se le ofrece a los clientes de Banca de Inversión de una entidad financiera determinada.

Actividad 1: Se determina que el tamaño de la población es de 350 clientes.

Actividad 2: Se numeran los clientes de la población.(De 1 a 350).

Actividad 3: Se define como tamaño de la muestra el 10% de la población. (35 clientes).

Actividad 4: Se determina el intervalo de selección:

Con, N = 350
n = 35

Entonces,

$$I = \frac{350}{35} = 10$$

Actividad 5: Se seleccionan las unidades de la población, con base en el intervalo obtenido.

Resultado: Se ha obtenido una muestra sistemática a la que pertenecerán los clientes a quienes se les han asignado los siguientes números:

n = { 10, 20, 30, 40, 50, 60, ... , 350 }

D. Muestreo por conglomerados

Descripción

Este método de muestreo divide la población en pequeños segmentos llamados conglomerados, con el propósito de disminuir costos, especialmente cuando se considera una población que se encuentra diseminada en una amplia zona geográfica.

El muestreo por conglomerados, es una muestra aleatoria sobre los grupos o segmentos predefinidos. Además, sobre cada conglomerado se determina su estudio completo o se toma una muestra del mismo.

Actividades

1. Defina los conglomerados de referencia.
2. Determine si se estudia todo el conglomerado o una muestra del mismo.
3. Seleccione los elementos base de la auditoría sobre cada conglomerado estudiado.

Ejemplo:

Objetivo: Analizar la calidad del servicio que se le ofrece a los clientes de Banca Individual de una entidad financiera determinada, en la ciudad capital del país.

Actividad 1: Se definen los conglomerados:

Tomando como referencia los estratos económicos definidos para la ciudad, la entidad financiera ha podido determinar que sus clientes se encuentran distribuidos de la siguiente manera:

ESTRATO SOCIAL	PORCENTAJE DE CLIENTES DE BANCA INDIVIDUAL
1	5%
2	7%
3	18%
4	35%
5	25%
6	10%
TOTAL	**100%**

Los conglomerados se asocian a cada estrato social y están definidos por sectores. En cada sector geográfico o barrio, la institución financiera tiene al menos 100 clientes actuales.

Se establecen de acuerdo con la estadística demográfica, 354 sectores clasificados así:

ESTRATO SOCIAL	SECTORES (CONGLOMERADOS)
1	43
2	38
3	98
4	140
5	25
6	10
TOTAL	**354**

Actividad 2: Se establece del análisis demográfico que la institución financiera, por razones de costo, sólo puede considerar el análisis sobre 60 conglomerados, debido a su distribución geográfica. Ésta es una decisión de expertos.

De esta manera, se define el estudio de 10 sectores por conglomerado, los cuales se seleccionan en forma aleatoria.

Actividad 3: Se define un tamaño de la muestra de 1.200 clientes de Banca Individual.

Actividad 4: Se determina estudiar cada estrato social utilizando una muestra del mismo, con base en la representatividad definida en la actividad 1.

ESTRATO SOCIAL	MUESTRA
1	0.05 * 1.200 = 60
2	0.07 * 1.200 = 80
3	0.18 * 1.200 = 220
4	0.35 * 1.200 = 420
5	0.25 * 1.200 = 300
6	0.10 * 1.200 = 120
TOTAL	**1,200**

Actividad 5: Se determina el número de clientes a seleccionar por conglomerado evaluado, dividiendo el tamaño de la muestra de cada estrato social por 10.

Resultado: Se ha determinado cuántos clientes de Banca Individual se deben analizar, de acuerdo al estrato social al que pertenecen, considerando los conglomerados que la institución financiera esta en capacidad de evaluar.

MUESTREO NO PROBABILÍSTICO

MUESTREO NO PROBABILÍSTICO	Muestreo de Decisión
	Muestreo de Cuota
	Muestreo Basado en Expertos
	Muestreo de Fácil Estudio

El muestreo no probabilístico se fundamenta en el criterio del personal de planeación de la auditoría del servicio.

El costo se convierte en el principal parámetro para determinar la selección de las unidades de la muestra.

El muestreo no probabilístico puede ser: decisional, de cuota, basado en expertos, o de fácil estudio, principalmente.

A. Muestreo de decisión

Descripción

El personal de trabajo de campo utiliza su criterio para seleccionar los elementos de la muestra, tomando como referencia una definición clara de la población objetivo, determinada por parte del personal de planeación de la auditoría del servicio.

Actividades

1. Defina en forma clara las características de la población objeto de la auditoría, cuya responsabilidad recae sobre el personal de planeación de la misma.

2. Seleccione elementos de la muestra con base en el criterio del grupo de trabajo de campo, basados en las características de la población objetivo de la auditoría.

Ejemplo:

Objetivo: Analizar la calidad del servicio que se les ofrece a los clientes de un producto dirigido a la juventud universitaria, que se acerca a las oficinas de la institución bancaria, con el propósito de recibir información a nivel crediticio.

Actividad 1: Se determinan como características fundamentales de la población objetivo del estudio, el conjunto de personas naturales, entre 18 y 25 años, estudiantes universitarios, titulares de una cuenta de ahorros de la institución financiera evaluada.

Actividad 2: Se define por decisión del grupo como tamaño de la muestra 100 clientes.

Actividad 3: Se eligen cuatro oficinas de diferentes lugares de la ciudad, en las que se realizará el trabajo de campo.

Actividad 4: Se determina la selección de 25 clientes por oficina, los cuales se encuestarán en el momento de salir del banco, tomando como criterio de elección el perfil de cliente definido en la actividad uno.

Resultado: Se ha realizado un muestreo decisivo de 100 clientes que cumplen unas características predefinidas por la población objetivo base de la auditoría.

B. Muestreo de cuota

Descripción

El propósito del muestreo de cuota es clasificar la población objeto de la auditoría, y definir una cuota o número de elementos de cada subconjunto de la población, los que a su vez deben ser incluidos en la muestra.

Las unidades de la muestra deben ser seleccionadas de cada grupo de la población, de tal forma que se cumpla la cuota preestablecida.

Actividades

1. Determinar la clasificación de la población objetivo de la auditoría.

2. Definir cuotas o número de clientes a seleccionar de cada subconjunto de la población.

3. Utilizando los criterios definidos por el grupo de planeación, el personal de trabajo de campo seleccionará los clientes de cada categoría poblacional, con el propósito de cumplir la cuota antes definida.

Ejemplo:

Objetivo: Analizar la calidad del servicio que se ofrece a los clientes de un banco, que poseen crédito personal.

Actividad 1: Se clasifica la población objetivo de la auditoría teniendo en cuenta el destino del crédito, así: Crédito de consumo, crédito para vivienda, vehículo, y para libre inversión.

Actividad 2: Se define que estudiarán conceptos emitidos por 30 clientes a quienes se ha otorgado crédito en cada una de las categorías definidas en la actividad anterior (Cuota por categoría igual a 30 clientes).

Actividad 3: Se eligen 30 clientes por categoría, los cuales son encuestados por el personal de trabajo de campo, con el propósito de cumplir la cuota establecida utilizando las herramientas definidas.

Resultado: Se ha realizado un muestreo de cuota de 120 clientes clasificados en cuatro grupos, de manera que han seleccionado de la muestra 30 clientes de cada uno de ellos, con el propósito de cumplir la cuota definida.

C. Muestreo basado en expertos

Descripción

El muestreo basado en expertos, como su nombre lo indica, define la selección de elementos que harán parte de la muestra, tomando como referencia el concepto de personas con suficiente conocimiento poblacional, objetivo del estudio.

Actividades

1. Determinar personas con idoneidad, autoridad y conocimiento de la población objetivo de la auditoría.

2. Definir las características de elementos que van hacer parte de la muestra referencial.

3. Seleccionar las unidades de la muestra, con base en el criterio expuesto por el experto conocedor de la población objetivo del estudio.

Ejemplo

Objetivo: Analizar la calidad del servicio que se ofrece a los clientes de un banco, cuya capacidad de negociación es superior a la de la institución financiera.

Actividad 1: Se determina que los ejecutivos de cuenta de Banca Corporativa son las personas con más autoridad para definir criterios de muestreo en los clientes con mayor capacidad de negociación frente al banco.

Actividad 2: Se selecciona la población objetivo de la auditoría de acuerdo con el criterio de los ejecutivos de cuenta de Banca Corporativa, en donde ubican los clientes de mayor capacidad de negociación por el nivel de las transacciones que éstos generan.

Actividad 3: Se eligen clientes determinados por los expertos en la población objetivo del estudio. Se encuestan o entrevistan utilizando los instrumentos definidos para tal efecto.

Resultado: Se ha realizado un muestreo basado en expertos con clientes de mayor capacidad en negociación con el banco.

D. Muestreo de fácil estudio

Descripción

El propósito de este método es evaluar el servicio que la organización ofrece, con base en la percepción de un conjunto de clientes a quienes es fácil acceder.

Actividades

1. Determinar si a la población objetivo de la auditoría se puede acceder con facilidad.
2. Seleccionar los clientes que harán parte de la muestra en un lugar de fácil acceso.

Ejemplo

Objetivo: Analizar la calidad del servicio que se ofrece al cliente de una oficina, con respecto a la atención que reciben por parte de los cajeros.

Actividad 1: Se determina que la población objetivo del estudio se puede analizar con facilidad en el momento que el cliente sale de la oficina.

Actividad 2: Se seleccionan las personas que han sido atendidas por los cajeros cuando salen de la oficina, con el propósito de determinar su satisfaccion, a las cuales se encuesta o entrevista con las herramientas definidas en este caso.

Resultado: Se ha realizado un muestreo de fácil estudio con las personas que han recibido la atención de los cajeros en una oficina específica.

E. Muestreo combinado

El muestreo combinado, llamado también por elementos, consiste en la utilización del muestreo no probabilístico basado en expertos, para especificar bajo un perfil definido la población objetivo del estudio, con el propósito de evaluar la percepción del cliente que cumple con unas características especiales.

Una vez se ha definido la población objetivo del estudio, se lleva a cabo un muestreo probabilístico, utilizando las técnicas anteriormente mencionadas, con el fin de obtener una muestra representativa.

El muestreo no probabilístico no dispone de sustentación científica, su validez puede ser bastante cuestionable y carece de un marco teórico que permita calcular el tamaño de una muestra representativa.

No obstante, el muestreo no probabilístico se puede apoyar en otras técnicas, como es el caso del Criterio de Pareto.

F. El Criterio de Pareto

Definición

El Criterio de Pareto se fundamenta en un gráfico de barras verticales, utilizado para determinar dentro de un conjunto de aspectos, los que son más importantes, con base en un criterio establecido.

Objetivos

1. Identificar los clientes más importantes en los cuales se desea concentrar la atención de la auditoría.
2. Medir la calidad del servicio que se ofrece a los clientes más importantes de la organización.

Actividades

1. Definir el criterio de selección de los clientes más importantes de la organización.
2. Determinar datos de los clientes de quienes se desea obtener la percepción de satisfacción con respecto al servicio que reciben, basados en el criterio antes definido.
3. Ordenar en una tabla los datos obtenidos en forma descendente.

4. Crear una columna de datos acumulados.

5. Graficar el diagrama de barras verticales.

6. Definir la muestra base de la auditoría.

Ejemplo

Actividad 1: En una corporación financiera se ha definido como criterio de selección, el promedio de captaciones mensuales correspondiente a las operaciones de los principales grupos empresariales.

Actividad 2:

GRUPO EMPRESARIAL	PROM. CAPTACIONES (Miles de dólares)	NÚMERO DE EMPRESAS DEL GRUPO
J & J	5.000	150
Pelmar	980	80
Distribuir S.A.	6.350	220
Endeco	3.200	180
Otros	1.990	1.250

Actividad 3: Al estudiar el concepto del cliente en los tres más importantes grupos empresariales se estarán considerando más del 80% de las captaciones que le generan al banco estos grupos.

De esta manera, el estudio del concepto de las empresas pertenecientes a Distribuir S.A., J & J y Endeco, procura la obtención del pensamiento de los clientes más importantes de la institución financiera.

Es así como la auditoría se podría realizar en forma exhaustiva considerando todas las empresas de los tres (3) más importantes grupos, o definiendo una muestra sobre ese total.

SERVICIO AL CLIENTE **139**

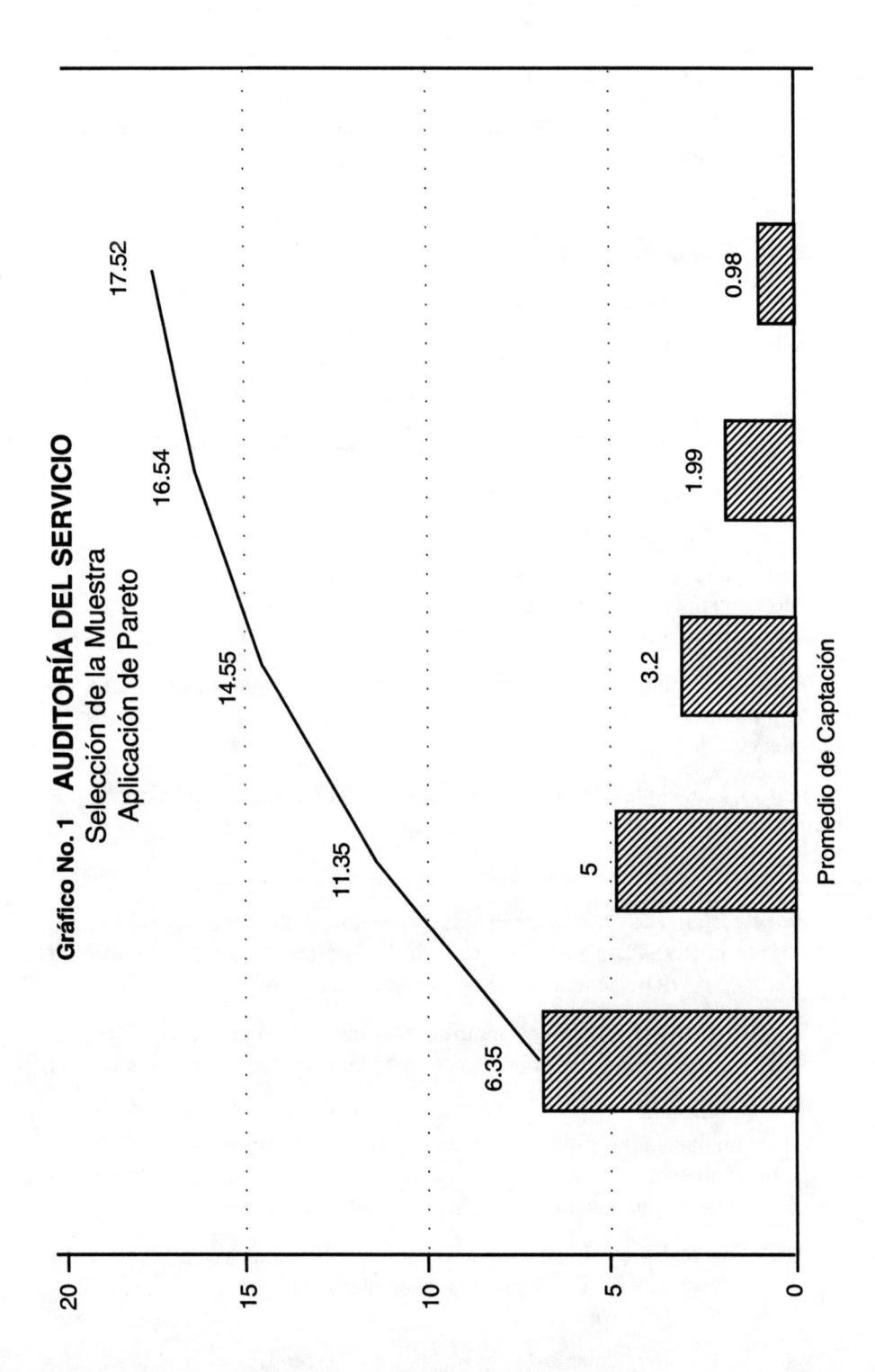

Gráfico No. 1 AUDITORÍA DEL SERVICIO
Selección de la Muestra
Aplicación de Pareto

Promedio de Captación

17.52
16.54
14.55
11.35
6.35

0.98
1.99
3.2
5

4.2. Obtener la información del cliente

Para obtener la información del cliente, es necesario llevar a cabo las siguientes actividades:

1. Planear el trabajo de campo.
2. Realizar la prueba piloto.
3. Reevaluar las herramientas de medición.
4. Efectuar el trabajo de campo.
5. Realizar el seguimiento, control y evaluación del trabajo de campo.

MARCO TEÓRICO DE SOPORTE AL TRABAJO DE CAMPO

4.2.1. Plan del trabajo de campo

En el proceso de recolección de información por parte del personal responsable del trabajo de campo resulta básico disponer de un adecuado plan de trabajo, el cual facilite la obtención de la percepción del cliente sobre la calidad del servicio que recibe.

El plan del trabajo de campo se basa en el diseño de la muestra realizada y la disponibilidad de recursos económicos y humanos para obtener la información del cliente.

Para realizar el plan del trabajo de campo, se deben considerar las siguientes actividades:

1. Retomar el diseño de la muestra.
2. Seleccionar cuidadosamente al grupo de trabajo de campo, considerando las características que deben cumplir las personas del grupo de acuerdo con el perfil presentado en la organización de la auditoría del servicio.
3. Capacitar al grupo sobre el ciclo del servicio de la organización auditada, el manejo de las herramientas de medición y el comportamiento en la interacción con el cliente.

    De un buen adiestramiento dependerá la tasa de respuesta y la exactitud de respuestas obtenidas y documentadas por el grupo. El propósito es disponer de información completa, confiable y oportuna.

4. Definir responsabilidades en las personas participantes de la recolección de información, distribuyendo la muestra diseñada.

En la distribución del plan se debe considerar el perfil del investigador de campo, el perfil del entrevistado, las distancias entre los clientes, el tiempo de duración en la aplicación de las herramientas.

5. Establecer la organización del trabajo de campo, mediante un coordinador general, supervisores y encuestadores, definiendo con claridad las líneas de autoridad.

6. Determinar índices de gestión en la labor desempeñada por el grupo de trabajo con base en el cumplimiento de las responsabilidades asignadas, en términos de oportunidad, confiabilidad y porcentaje de respuesta de los clientes.

4.2.2. Prueba piloto y reevaluación de las herramientas de medición

Después de documentado el plan de trabajo del personal de campo de la auditoría es necesario llevar a cabo la prueba piloto, de tal forma que se puedan detectar con anticipación problemas en el desarrollo de la recolección de información al cliente.

Los resultados de la prueba piloto pueden determinar o no, cambios en las herramientas de medición, en el personal de trabajo de campo o en las actividades realizadas por parte del personal responsable de recolectar la información de la auditoría.

Las actividades a realizar correspondientes a la prueba piloto son:

1. Seleccionar una pequeña muestra para llevar a cabo la prueba piloto.
2. Probar diferentes instrumentos de medición.
3. Calificar al personal de campo.
4. Verificar el manejo de las operaciones de campo.
5. Realizar los cambios que se considere pertinentes en las herramientas de medición, el personal de campo o en los procedimientos.

4.2.3. Administración de la ejecución del trabajo de campo

Cuando se ejecuta el trabajo de campo, es natural que se presenten dificultades con el personal responsable de la recolección de información; por tanto, es necesario realizar un seguimiento, evaluación y control de la labor desarrollada por el personal de campo, para lo cual se utilizan supervisores expertos, quienes a su vez dependerán de un coordinador general del trabajo de campo.

Por otra parte, cuando se aplican encuestas u otros instrumentos de medición, éstas pueden generar expectativas, interés e inclusive problemas, tanto en el interior de la organización auditada, como en los clientes entrevistados.

Los problemas que surgen en la aplicación de los instrumentos de medición se deben manejar con habilidad.

Es así como, dentro de la organización evaluada debe existir claridad con respecto a los objetivos de la auditoría, de tal forma que se destaque el propósito de detección de deficiencias y fortalezas en la calidad del servicio ofrecido, no para justificar con los resultados obtenidos, sanciones o despidos de los colaboradores.

De igual forma, en la ejecución del trabajo, el entrevistado puede no estar en disposición para atender al personal de campo, a pesar que se definan citas anticipadas, lo cual debe manejarse adecuadamente, resaltando el interés de la organización auditada por mejorar las relaciones comerciales y de servicios con sus clientes.

Las expectativas, el interés y los posibles problemas que puedan surgir de la aplicación de las herramientas de medición, se deben manejar mediante la retroalimentación de los resultados obtenidos, tanto al cliente interno como al externo, por ser ellos partícipes activos en el proceso de auditoría del servicio.

4.3. Procesar la información obtenida

Para procesar la información obtenida en el trabajo de campo se deben realizar las siguientes actividades:

4.3.1. Planear el proceso de tabulación de los diferentes instrumentos de medición utilizados en la auditoría.

4.3.2. Realizar la digitación de datos utilizando un soporte computarizado.

4.3.3. Procesar los datos obtenidos con el propósito de generar los índices de satisfacción del cliente y los de competencia, desde el punto de vista cuantitativo.

4.3.4. Obtener las frecuencias de ocurrencia correspondientes a las necesidades y expectativas, y a los factores generadores de satisfacción e insatisfacción, las cuales se tabulan tomando como referencia la información cualitativa presentada en las diferentes herramientas de la auditoría.

4.3.5. Documentar los resultados obtenidos.

4.3.6. Evaluar el porcentaje de no respuesta de los diferentes instrumentos cuantitativos de la auditoría, con el propósito de determinar la necesidad de generar escenarios que amplíen el marco referencial del análisis de los resultados obtenidos.

4.3.7. Plan del proceso de tabulación de los datos

El procesamiento de la información requiere un plan adecuado de manipulación de los datos que se obtienen con los diferentes instrumentos de la auditoría del servicio.

El proceso de planeación de la información tiene como base la revisión de los datos, con el propósito de detectar errores, clasificarlos de manera más adecuada, eliminar respuestas contradictorias y ordenarlos de manera uniforme que facilite su tabulación.

Dentro de las actividades que se llevan a cabo en la planeación del procesamiento, se presenta la codificación de alternativas de respuesta y la categorización de preguntas presentadas en los cuestionarios.

La **codificación de las alternativas de respuesta** presentadas en las herramientas de medición consiste en la asignación de un símbolo o número a las diferentes alternativas de respuesta, con el propósito de facilitar el proceso de tabulación.

El código asociado a cada posible respuesta depende del tipo de pregunta cerrada que se utiliza, por ejemplo:

TIPO DE PREGUNTA	ALTERNATIVAS DE RESPUESTA	CÓDIGO
Respuesta Múltiple	a. Siempre	4
	Casi siempre	3
	Algunas veces	2
	Nunca	1
	No aplica	0
	b. Muy bueno	5
	Bueno	4
	Regular	3
	Malo	2
	Muy malo	1
	No aplica	0

	c. Totalmente	3
	Parcialmente	2
	No conoce	1
	No aplica	0
	d. Muy satisfecho	5
	Satisfecho	4
	Indiferente	3
	Insatisfecho	2
	Muy insatisfecho	1
	No aplica	0
Dicotómicas	a. Sí	2
	No	1
	No aplica	0
	b. Verdadero	2
	Falso	1
	No aplica	0
Calificativas	Califique de 1 a 5:	
	5: Superior	5
	.	.
	.	.
	.	.
	1: Inferior	1
	No Responde	0

La codificación se debe llevar a cabo al mismo tiempo que se contesta el cuestionario, lo cual se facilita por medio de la utilización de la hoja de respuestas, correspondiente a cada instrumento de medición.

El objetivo de la **categorización de preguntas** presentadas en los instrumentos de la auditoría es determinar las clases o categorías en que se clasifican los interrogantes de los cuestionarios.

Las clases o categorías que se utilizan para clasificarlas deben ser exclusivas, es decir, una pregunta no puede pertenecer a más de una categoría.

La clasificación de preguntas en las herramientas de medición de la auditoría presenta al menos dos (2) niveles:

Nivel 1: Índice que afecta: Satisfacción.
Competencia.
Pregunta de control.
Nivel 2: Factor que evalúa: Perceptivo.
Infraestructura.
Imagen corporativa.
Aspectos comerciales.
Producto.
Procesos internos.
Posventa.
Recurso humano.

El plan del proceso tabulador de la información debe considerar las siguientes actividades:

1. Revisar los datos, con el propósito de detectar errores o eliminar respuestas contradictorias.

2. Codificar las alternativas de respuesta presentadas en los instrumentos de medición.

3. Analizar las preguntas cerradas de las herramientas de medición con el propósito de determinar si afectan índices de satisfacción, de competencia o si son preguntas de control.

4. Clasificar las preguntas de los cuestionarios de acuerdo con la categoría del índice (satisfacción o de competencia) que afecta.

5. Clasificar las preguntas cerradas, teniendo en cuenta la clase de factor que evalúa, ya sea perceptivo, de infraestructura, imagen corporativa, aspectos comerciales, producto, procesos internos, posventa o recurso humano.

6. Definir los índices que se van a obtener, con base en la clasificación realizada. Por ejemplo, índices de satisfacción perceptivos, índices de competencia sobre aspectos comerciales, entre otros.

4.3.8. Procesamiento de datos

El procesamiento de datos correspondiente a la auditoría del servicio se clasifica en: procesamiento de datos cuantitativos y procesamiento de datos cualitativos.

4.3.8.1. Procesamiento de datos cuantitativos

El procesamiento de datos cuantitativos tiene como base la clasificación de preguntas de los instrumentos de medición, presentada anteriormente.

Las actividades para procesar los datos cuantitativos son:

1. Obtener el porcentaje de respuesta de cada pregunta. Por ejemplo, a la pregunta qué tan satisfecho se encuentra usted con respecto al respaldo recibido por parte de una compañía de seguros, se encuentran los siguientes porcentajes de respuesta:

ALTERNATIVA DE RESPUESTA	PORCENTAJE DE RESPUESTA
Muy satisfecho	8%
Satisfecho	32%
Indiferente	20%
Insatisfecho	12%
Muy insatisfecho	18%
No aplica	10%
Total	**100%**

2. Asignar porcentajes de satisfacción de acuerdo con los diferentes tipos de preguntas que se pueden presentar en un cuestionario. Veamos:

TIPO DE PREGUNTA	ALTERNATIVAS DE RESPUESTA	PORCENTAJE
	ÍNDICES DE SATISFACCIÓN	
Respuesta múltiple	a. Siempre	100,0%
	Casi siempre	66,6%
	Algunas veces	33,3%
	Nunca	00,0%
	b. Muy bueno	100,0%
	Bueno	75,0%
	Regular	50,0%
	Malo	25,0%
	Muy malo	00,0%

	c. Totalmente .... 100,0% Parcialmente .... 50,0% No conoce .... 00,0% d. Muy satisfecho .... 100,0% Satisfecho .... 75,0% Indiferente .... 50,0% Insatisfecho .... 25,0% Muy insatisfecho 00,0%
Dicotómicas	a. Sí .... 100,0% No .... 00,0% b. Verdadero .... 100,0% Falso 00,0%
Calificativas	Califique de 1 a 5: 5: Superior .... 100,0% .... 1: Inferior 00,0%
ÍNDICES DE COMPETENCIA	
Comparativas	a. Superior .... 100,0% Igual .... 66,6% Inferior 33,3%

3. Determinar los porcentajes de respuesta incluyendo el no aplica :

ALTERNATIVA DE RESPUESTA	PORCENTAJE DE RESPUESTA INCLUYENDO EL NO APLICA
Muy satisfecho...	8%
Satisfecho..	32%
Indiferente...	20%
Insatisfecho...	12%
Muy insatisfecho..	18%
No aplica...	10%
Total	**100%**

ALTERNATIVA DE RESPUESTA	PORCENTAJE DE RESPUESTA EXCLUYENDO EL NO APLICA
Muy satisfecho	8,9%
Satisfecho	35,6%
Indiferente	22,2%
Insatisfecho	13,3%
Muy insatisfecho	20,0%
Total	**100%**

4. Calcular el índice de satisfacción por pregunta, mediante la suma de las alternativas de respuesta del producto:

   A: Porcentaje de respuesta   B: Porcentaje de satisfacción
   Excluyendo el   *   Asociado a la
   No aplica   Pregunta

Por ejemplo:

ALTERNATIVA DE RESPUESTA	A		B		SUBTOTAL
Muy satisfecho	8,9%	*	1,00	=	8,9%
Satisfecho	35,6%	*	0,75	=	6,7%
Indiferente	22,2%	*	0,50	=	11,1%
Insatisfecho	13,3%	*	0,25	=	3,3%
Muy insatisfecho	20,0%	*	0,00	=	0,0%
ÍNDICE DE SATISFACCIÓN DE LA PREGUNTA				**=**	**30,0%**

5. Obtener el Índice de Satisfacción Real para un conjunto de clientes, mediante el promedio aritmético de los índices correspondientes a cada pregunta del instrumento de medición utilizado.

   El promedio aritmético se utiliza partiendo del supuesto que cada pregunta hace parte de un espacio equiprobable, es decir, cada pregunta afecta en igual proporción el índice real calculado.

No obstante, en un caso específico, se puede determinar una ponderación para obtener el índice real, de acuerdo con el concepto del grupo de planeación y diseño de la auditoría del servicio.

6. Obtener los índices de satisfacción reales utilizando la metodología planteada hasta la actividad cinco, clasificándolos de acuerdo con las categorías de las preguntas de los instrumentos de medición y en términos de estratificación del plan de muestreo definido.

   Por ejemplo: Calcule los índices de satisfacción en una organización desde el punto de vista general y por ciudad. Además, obténgalos por factor, es decir, de satisfacción perceptivos, comerciales, de procesos internos y posventa.

7. Documentar los resultados obtenidos.

4.3.8.2. Procesamiento de datos cualitativos

El procesamiento de datos cualitativos parte de su categorización en factores generadores de satisfacción, factores generadores de insatisfacción y necesidades y expectativas.

Las actividades a realizar, con el propósito de procesar la información cualitativa, son:

1. Definir los factores generadores de satisfacción, insatisfacción y necesidades y expectativas del cliente, clasificados de acuerdo con los estratos definidos en el plan de muestreo.

2. Obtener las frecuencias de ocurrencia de cada factor generador de satisfacción, insatisfacción, o necesidades y expectativas, presentados en la actividad anterior.

3. Calcular los valores porcentuales de las frecuencias relativas obtenidas anteriormente.

4. Obtener las frecuencias y valores porcentuales acumulados.

5. Documentar los resultados obtenidos.

Tanto el proceso de tabulación cuantitativo como el cualitativo puede apoyarse en sistemas computarizados, o realizarse manualmente.

La tabulación manual es adecuada cuando se procesa un número pequeño de datos y se efectúan pocos cruces de respuestas. Para realizar este tipo de tabulación se deben utilizar hojas tabulares, con el propósito de mantener concentrada la información de los instrumentos de medición utilizados en la auditoría.

El procesamiento con soporte computarizado es importante cuando la auditoría maneja una gran cantidad de información, para lo cual existen aplicaciones (programas de computador) que facilitan las labores de tabulación, cruce de respuestas, obtención de medidas de tendencia central (media, moda, mediana, razones, etc) y cálculo de medidas de dispersión (rango, percentiles, varianza, desviación estándar, etc).

4.3.8.3. Evaluación de la tasa de no respuesta del cliente

En la aplicación de un cuestionario utilizado como herramienta de medición se obtienen porcentajes de no respuesta representativos, lo cual se puede presentar debido a:

1. Se encuestó a quien no correspondía.
2. La pregunta es irrelevante en la investigación.
3. La pregunta no se entendió.
4. El aspecto analizado es específico de un segmento de los clientes.

Esto lleva a definir tres (3) **posibles causas de la no respuesta** a una pregunta específica:

a. **Fallas de diseño**: Deficiencias o errores en el diseño de los instrumentos de medición al incluir preguntas que no aplican para quienes está dirigida la auditoría.

b. **Error de aplicación**:

– ¿Quién lo hace?: El personal de trabajo de campo no es efectivo en la obtención de información del cliente.

– ¿A quién se hace?: Se encuestó o entrevistó a quien no correspondía.

c. **Segmentación diversa**: Auditoría realizada a diferentes clases de clientes, que generan preguntas aplicadas sólo a algunos de ellos y resulta un alto porcentaje de No Respuesta.

Las alternativas de solución son:

a. **Obviar la No Respuesta**: Es decir, no considerar en la satisfacción del cliente a las personas que no respondieron la pregunta, esto es lo que plantea el procesamiento de datos cuantitativos. Sin embargo, podría ser cuestionado por la representatividad de los resultados obtenidos.

b. **Considerar la No Respuesta**: Lo cual significa que es necesario realizar supuestos sobre la percepción del cliente que no responde, y recalcular los índices obtenidos.

Para categorizar los supuestos sobre la no respuesta, se consideran tres (3) escenarios:

Escenario I (Optimista)

La satisfacción del cliente es alta y se presenta como un factor diferenciador.

Índice de Satisfacción del Cliente que No Responde = 95%.

Escenario II (Normativo)

La satisfacción del cliente se presenta como un factor de estabilidad.

Índice de Satisfacción del Cliente que No Responde = 85%.

Escenario III (Pesimista)

La insatisfacción del cliente es crítica.

Índice de Satisfacción del Cliente que No Responde = 70%.

4.4. Analizar la información procesada

El volumen de datos que genera la auditoría del servicio puede ser alto en un momento determinado, razón por la cual la clasificación de la información y la utilización de esquemas de representación en cuadros y gráficas, resulta fundamental para facilitar el análisis de la información procesada.

Como se presentó en el procesamiento de los datos de la auditoría, la información que provee el cliente se clasifica en cuantitativa y cualitativa. Por lo tanto, los análisis que se pueden realizar pueden ser cuantitativos o cualitativos.

Cuadro No.10   Análisis de la información

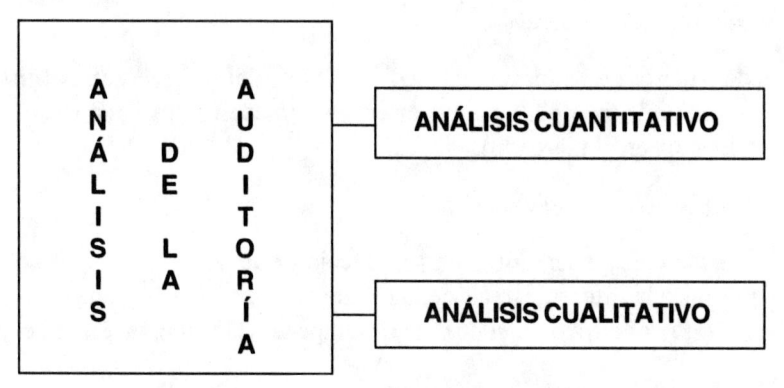

ANÁLISIS DE LA AUDITORÍA

- ANÁLISIS CUANTITATIVO
- ANÁLISIS CUALITATIVO

Por tanto, para analizar la información obtenida es necesario realizar las siguientes actividades:

4.4.1. Realice el análisis cuantitativo de la información obtenida:

a. Clasifique los índices de satisfacción en factores generadores de satisfacción e insatisfacción.

b. Clasifique los índices de satisfacción e insatisfacción en factores críticos, estables y diferenciadores.

c. Represente por medio de matrices o gráficas los índices anteriormente clasificados.

d. Incluya los comentarios sobre los aspectos más destacados de las matrices y gráficas obtenidas.

4.4.2. Realice el análisis cualitativo de la información obtenida así:

a. Clasifique la lista de comentarios de los clientes, obtenida en el procesamiento de los datos, en factores generadores de satisfacción e insatisfacción, y en necesidades y expectativas del cliente.

b. Ordene de acuerdo con la frecuencia de aparición de los comentarios, las listas de factores generadores de satisfacción e insatisfacción, y de necesidades y expectativas, obtenidas en la actividad anterior.

c. Represente por medio de cuadros o gráficas de frecuencias, los valores presentados en las listas ordenadas anteriormente.

d. Incluya los comentarios sobre los aspectos más destacados de los cuadros y gráficas presentadas.

4.4.3. Definiciones básicas.

Conjunto de factores generadores de satisfacción que definen una calidad en el servicio aceptable, de forma tal que hacen posible mantener los clientes actuales (Supervivencia en el mercado).

Factores de satisfacción diferenciadores

Conjunto de factores generadores de satisfacción que se presentan como base para determinar la diferenciación de la organización auditada, dentro del contexto del sector económico en el cual se desempeña. (Diferenciación en el mercado).

Factores de satisfacción estables

Conjunto de factores generadores de satisfacción que definen una calidad en el servicio aceptable, de forma tal que hacen posible mantener los clientes actuales (Supervivencia en el mercado).

Factores de satisfacción diferenciadores

Conjunto de factores generadores de satisfacción que se presentan como base para determinar la diferenciación de la organización auditada, dentro del contexto del sector económico en el cual se desempeña (Diferenciación en el mercado).

4.4.3.1. Clasificación de los factores de competencia

Factores de competencia críticos

Conjunto de factores en los que la organización auditada es inferior a su competencia, con respecto a la calidad del servicio que se ofrece.

Factores de competencia estables

Conjunto de factores en los que la organización estudiada ofrece un servicio similar a su competencia.

Factores de competencia diferenciadores

Conjunto de factores en los que la entidad evaluada es superior a su competencia, lo cual define oportunidades de diferenciación en el servicio.

4.4.4. Análisis cuantitativo

El análisis cuantitativo de la información que provee el cliente se basa en los índices de satisfacción y de competencia, los cuales se presentan como medidas de tendencia central que se obtienen como resultado del procesamiento de los datos obtenidos.

Adicionalmente, se dispone de las frecuencias de respuesta asociadas a cada pregunta, de forma tal que se pueda determinar la dispersión de los datos procesados.

Los índices de satisfacción del cliente definen factores generadores de satisfacción o insatisfacción, los que a su vez se clasifican en factores críticos, estables o diferenciadores, con respecto a la calidad del servicio que la organización auditada ofrece.

Los índices de competencia determinan oportunidades y amenazas, de acuerdo a la inferioridad, similitud o superioridad de los valores porcentuales obtenidos para cada índice, con relación a los aspectos de servicio base de la comparación entre la organización evaluada y su competencia directa.

Para realizar el análisis de los índices de satisfacción y de competencia obtenidos, y de las frecuencias de respuestas, se consideran las siguientes herramientas:

Cuadro No.11 Análisis Cuantitativo

CONCEPTO	HERRAMIENTAS DE ANÁLISIS
Índices de satisfacción	* Matriz de niveles de satisfacción. * Gráficas de barras. * Perfiles de satisfacción. * Cuadros de tendencias.
Índices de competencia	* Matriz de niveles de competencia. * Gráficas de barras. * Perfiles de competencia. * Cuadros de tendencias.
Frecuencias de respuesta	* Gráficas de barras.

4.4.4.1. Herramientas de análisis de la información cuantitativa

A. Cuadros de tendencias

Objetivo

Los índices de satisfacción y de competencia que se presentan entre la auditoría del servicio y sus seguimientos presentan las tendencias de la calidad del servicio que la organización ofrece. Por consiguiente, su representación se puede esquematizar en términos de un **Cuadro de Tendencias (CT)**.

Descripción

En la elaboración de un Cuadro de Tendencias se considera el plano cartesiano, en el que se ubican puntos unidos por rectas.

Un Cuadro de Tendencias incluye:

Título: Identificación de la organización auditada.

Subtítulo: Nombre del índice evaluado.

Eje X: Número de la auditoría del servicio realizada.

Eje Y: Valor obtenido en cada auditoría, correspondiente al índice evaluado.

Pie de Página: Fecha de elaboración del CT.

Actividades

Por lo tanto, para construir un cuadro de tendencias se deben realizar las siguientes actividades:

1. Defina la variable que se va a representar, por ejemplo, graficar la tendencia del índice perceptivo obtenido en las auditorías realizadas.
2. Defina los títulos, subtítulos y pie de página del CT.
3. Determine cada punto del cuadro de tendencias, mediante la ubicación para cada auditoría de su índice de satisfacción obtenido, con base en las coordenadas (X,Y) presentadas anteriormente.
4. Una por medio de rectas los puntos ubicados en el plano cartesiano.

En la libreta de calificaciones del cliente, se presenta un ejemplo práctico de la aplicación de los cuadros de tendencias en la auditoría del servicio.

B. Perfiles de satisfacción del cliente

Objetivo

Para representar gráficamente los índices de satisfacción de cada auditoría realizada, se pueden utilizar los **Perfiles de Satisfacción del Cliente (PSC)**.

Descripción

Los PSC relacionan la identificación del índice con su valor porcentual correspondiente.

Un PSC, está formado por:

Título: Identificación de la organización auditada.

Subtítulo: Identificación de la auditoría realizada.

Eje X: Identificación del índice de satisfacción estudiado.

Eje Y: Valores obtenidos correspondientes al índice evaluado.

Pie de Página: Fecha de elaboración del PSC.

Actividades

De esta manera, para obtener un PSC se deben llevar a cabo las siguientes actividades:

1. Defina la auditoría del servicio que se pretende representar.
2. Defina los títulos, subtítulos y pie de página del PSC.
3. Determine cada punto del PSC, mediante la ubicación del valor de cada índice obtenido con respecto a su identificación, tomando como referencia las coordenadas (X,Y) presentadas anteriormente.
4. Una por medio de rectas los puntos ubicados en el plano cartesiano.

Ejemplo

El índice de satisfacción obtenido relativo a la agilidad en la atención por parte del funcionario que lo atendió dejó los siguientes resultados con base en el concepto del cliente externo de la organización auditada:

ÍNDICE DE SATISFACCIÓN DEL CLIENTE				
CONCEPTO EVALUADO	CIUDAD 1	CIUDAD 2	CIUDAD 3	CIUDAD 4
Agilidad en la atención	76.60	82.50	78.15	87.90

Por lo tanto, el PSC relativo a la agilidad en la atención es el que se ve en la página 157.

C. Matriz de niveles de satisfacción

Objetivo

La **Matriz de Niveles de Satisfacción (MNS)** tiene como objetivo fundamental clasificar los índices obtenidos, con el propósito de determinar los factores generadores de insatisfacción críticos, y los factores generadores de satisfacción estables y diferenciadores.

Descripción

La construcción de la matriz MNS se basa en cuatro (4) niveles de satisfacción:

SERVICIO AL CLIENTE 157

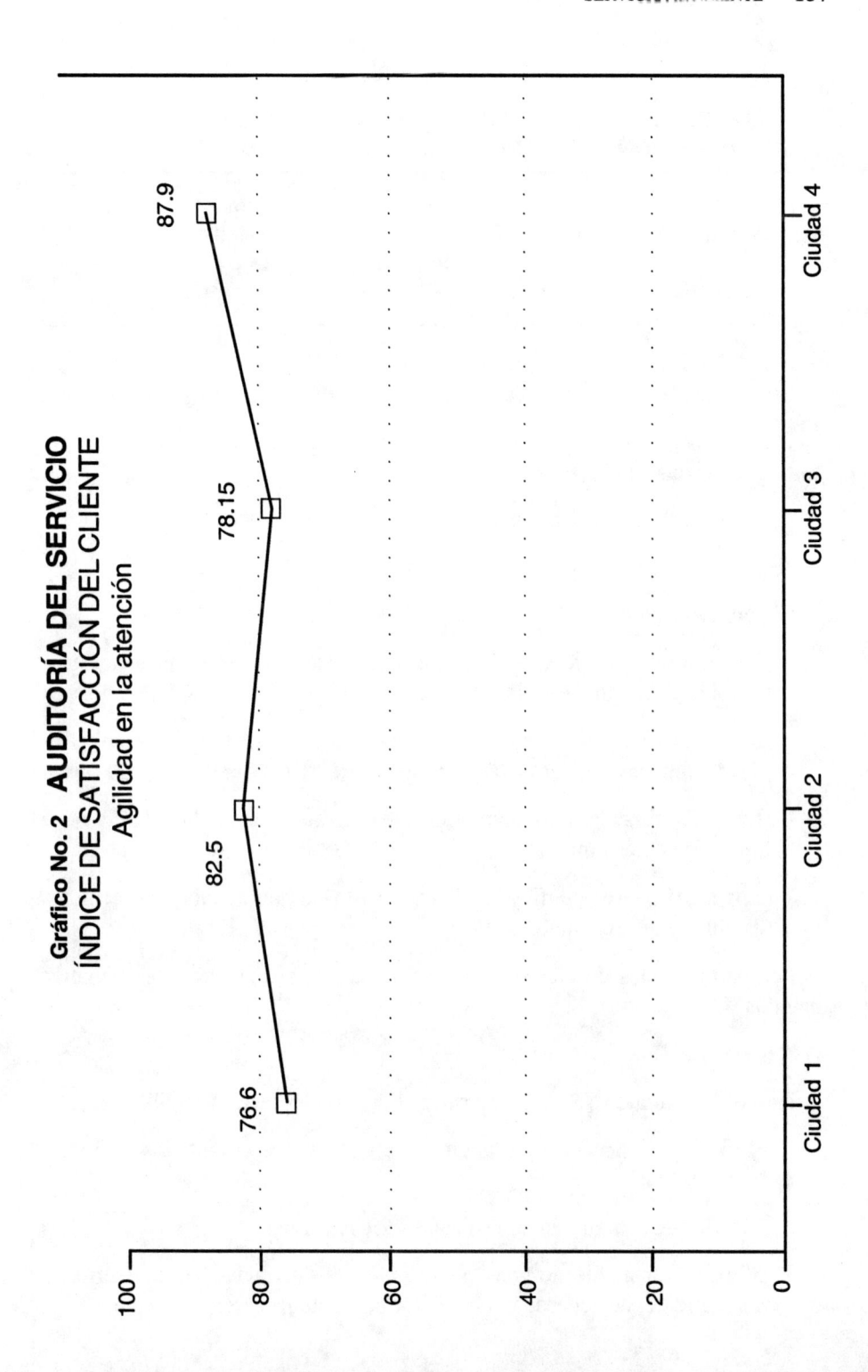

**Gráfico No. 2 AUDITORÍA DEL SERVICIO
ÍNDICE DE SATISFACCIÓN DEL CLIENTE**
Agilidad en la atención

Ciudad 1	76.6
Ciudad 2	82.5
Ciudad 3	78.15
Ciudad 4	87.9

NIVEL DE SATISFACCIÓN	RANGO PORCENTUAL	CLASE DE FACTOR
1. Bajo	(0...89)	Crítico
2. Aceptable	(90...94)	Estable
3. Bueno	(95...99)	Diferenciador leve
4. Excelente	100	Diferenciador

Esta matriz está conformada por el encabezado, el cuerpo y los comentarios.

El **encabezado** incluye:

- La identificación de la organización estudiada.
- La identificación de la auditoría realizada.

El **cuerpo** está compuesto por:

- Los subtítulos que identifican los niveles de satisfacción, como son: Bajo, aceptable, bueno y excelente.

- La identificación del conjunto de índices evaluados, como es el caso de los índices real, perceptivo, imagen, producto, comercial, entre otros.

- Las "X" utilizadas para marcar el nivel de satisfacción al cual pertenece un índice determinado.

- Los subtítulos que definen las áreas correspondientes a factores críticos, estables y diferenciadores.

Los **comentarios** destacan los aspectos más representativos de la matriz obtenida.

Actividades

Para obtener una MNS es necesario realizar las siguientes actividades:

1. Defina los índices de satisfacción que van a ser representados en la matriz.

2. Identifique la organización y la auditoría realizada.

3. Marque por medio de una "X" el nivel de satisfacción que determina cada índice, de acuerdo con su valor porcentual correspondiente.

4. Incluya los comentarios que considere pertinentes.

Ejemplo

En el desarrollo de la auditoría del servicio se ha evaluado el producto Cartas de Crédito, presentando los siguientes resultados:

ÍNDICE EVALUADO	VALOR DEL ÍNDICE
Real	82%
Perceptivo	87%
Infraestructura	79%
Imagen	88%
Comercial	95%
Producto	72%
Procesos Internos	77%

BANCO DE ASIA
AUDITORÍA DEL SERVICIO

Matriz de niveles de satisfacción
Producto: Cartas de Crédito

ÍNDICE EVALUADO	BAJO (0...89)	ACEPTABLE (90...94)	BUENO (95...99)	EXCELENTE (95...100)
Real		X		
Perceptivo		X		
Infraestructura	X			
Imagen		X		
Comercial			X	
Producto	X			
Procesos Internos	X			
FACTOR	CRÍTICO	ESTABLE	DIFERENCIADOR	

Comentarios Los factores críticos definidos por los índices de infraestructura, procesos internos, y producto, a pesar de esta característica, no causan un efecto sobre el índice real que lo lleven a este nivel. Sin embargo, el índice real es apenas estable, y sólo desde el punto de vista comercial se identifican factores diferenciadores.

D. El perfil de competencia

Objetivo

Para representar gráficamente los índices de competencia, relativos a la satisfacción del cliente, de cada auditoría realizada, se pueden utilizar los **Perfiles de Competencia (PC)**.

Descripción

Los PC relacionan la identificación del índice de competencia con su valor porcentual correspondiente.

Un PC, incluye:

Título:	Identificación de la organización auditada.
Subtítulo:	Identificación de la auditoría realizada.
Eje X:	Identificación del índice de competencia estudiada.
Eje Y:	Valor obtenido correspondiente al índice evaluado.
Pie de Página:	Fecha de elaboración del PC.

Actividades

Para obtener un PC, se deben llevar a cabo las siguientes actividades:

1. Defina los índices que va a representar.

2. Defina los títulos, subtítulos y pie de página del PC.

3. Determine cada punto del PC, mediante la ubicación del valor de cada índice obtenido con respecto a su identificación, tomando como referencia las coordenadas (X,Y) presentadas anteriormente.

4. Una por medio de rectas los puntos ubicados en el plano cartesiano.

Ejemplo

El índice de competencia obtenido relativo a la oportunidad en la atención por parte del funcionario que lo atendió dejó los siguientes resultados para la organización y tres (3) de sus competidores, con base en el concepto del cliente externo de la organización auditada:

CONCEPTO EVALUADO	ÍNDICE DE COMPETENCIA			
	ORGANIZACIÓN EVALUADA	COMPETIDORES		
		1.	2.	3.
Oportunidad en la atención	69.30	52.00	78.15	57.90

Por lo tanto, el PC relativo a la oportunidad en la atención es: (Su interpretación se presenta en el gráfico índice de competencia). Página 162.

E. Las gráficas de barras

Objetivo

Las Gráficas de Barras (**GB**), tienen el propósito de proveer un esquema de representación de los índices de satisfacción y competencia, y de las frecuencias de respuesta obtenidas como resultado de la aplicación de la auditoría del servicio.

Descripción

Las **GB** relacionan la identificación de un índice de satisfacción o competencia, con su valor porcentual correspondiente.

Por otra parte, las **GB** relacionan la identificación de una alternativa de respuesta, con respecto a su valor porcentual correspondiente.

En algunas ocasiones es adecuado presentar la gráfica de barras ordenada, ascendente o descendentemente, de acuerdo al valor de los índices obtenidos, con el propósito de facilitar la interpretación de los resultados obtenidos.

Una **GB** presenta:

Título: Identificación de la organización auditada.
Subtítulo: Identificación de la auditoría realizada.
Eje X: Identificación del índice de competencia o satisfacción estudiado.
Eje Y: Valor obtenido correspondiente al índice evaluado.
Pie de página: Fecha de elaboración de la GB.

162 MÉTODOS DE AUDITORÍA Y MEDICIÓN

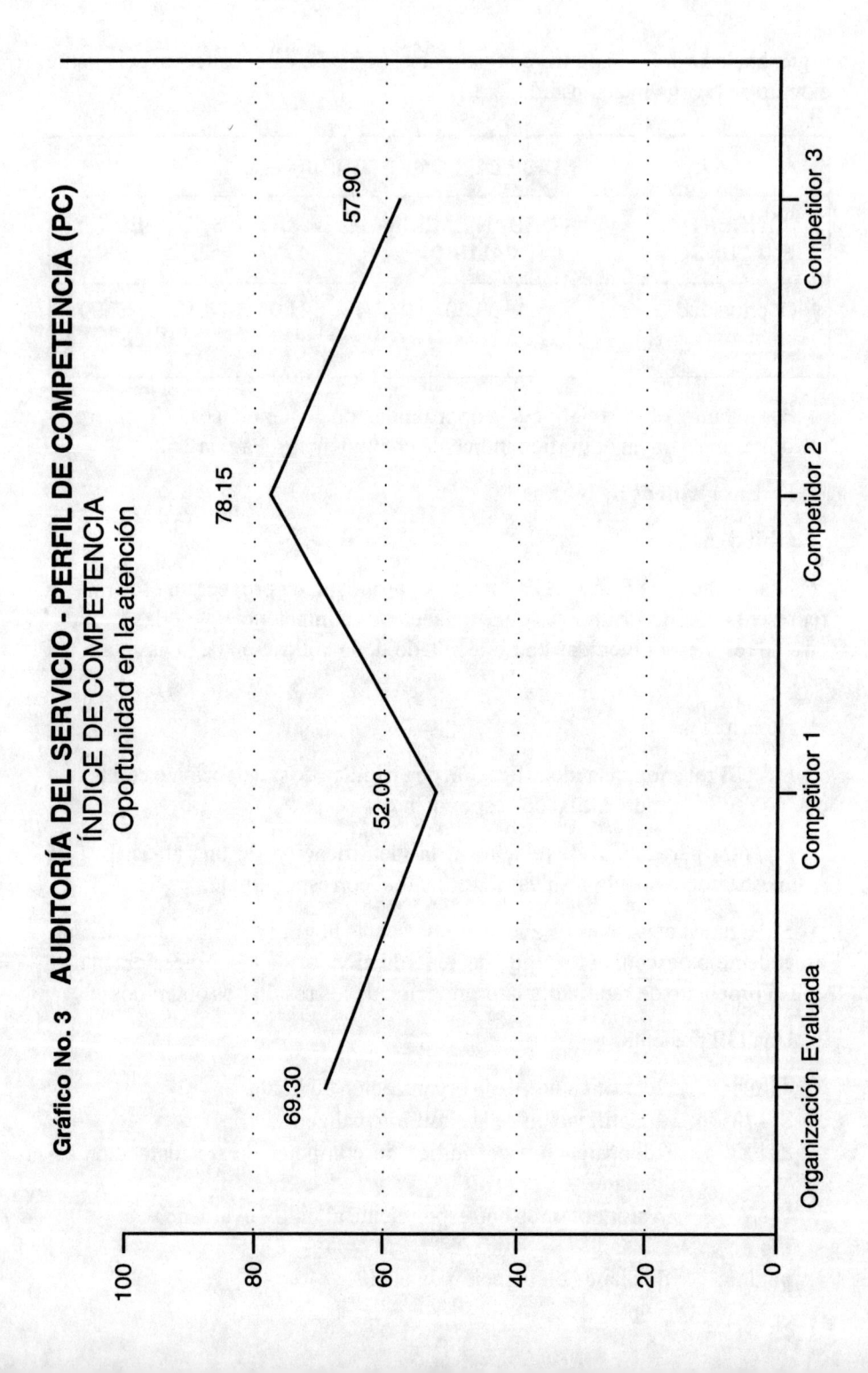

Gráfico No. 3 AUDITORÍA DEL SERVICIO - PERFIL DE COMPETENCIA (PC)
ÍNDICE DE COMPETENCIA
Oportunidad en la atención

Organización Evaluada	Competidor 1	Competidor 2	Competidor 3
69.30	52.00	78.15	57.90

Actividades

Para obtener una GB, se deben llevar a cabo las siguientes actividades:

1. Defina los índices a representar.
2. Defina los títulos, subtítulos y pie de página de la GB.
3. Grafique barras verticales, cuya altura es el valor porcentual del índice obtenido; o, grafique barras horizontales, cuya longitud es el valor porcentual del índice correspondiente.
4. Ordene las barras obtenidas, de acuerdo a su altura o longitud, en forma ascendente o descendente, si lo considera adecuado para facilitar la visualización de los índices presentados.

Ejemplo

El índice de satisfacción correspondiente a la calidad de la información escrita que una entidad financiera ofrece a sus clientes presenta la siguiente frecuencia de respuesta a nivel nacional:

ÍNDICE DE SATISFACCIÓN DEL CLIENTE
CALIDAD DE LA INFORMACIÓN ESCRITA
Muy satisfecho 4%
Satisfecho 30%
Indiferente 40%
Insatisfecho 20%
Muy insatisfecho 6%

Por lo tanto, la GB correspondiente a la calidad de la información escrita y la calidad del servicio que la organización ofrece se ve en la página 164.

F. Matriz de niveles de competencia

Objetivo

La **Matriz de Niveles de Competencia (MNC)** tiene como objetivo fundamental clasificar los índices de competencia obtenidos, con el propósito de determinar amenazas, similitudes y oportunidades de diferenciación en la calidad del servicio que la organización ofrece, con relación a su competencia directa.

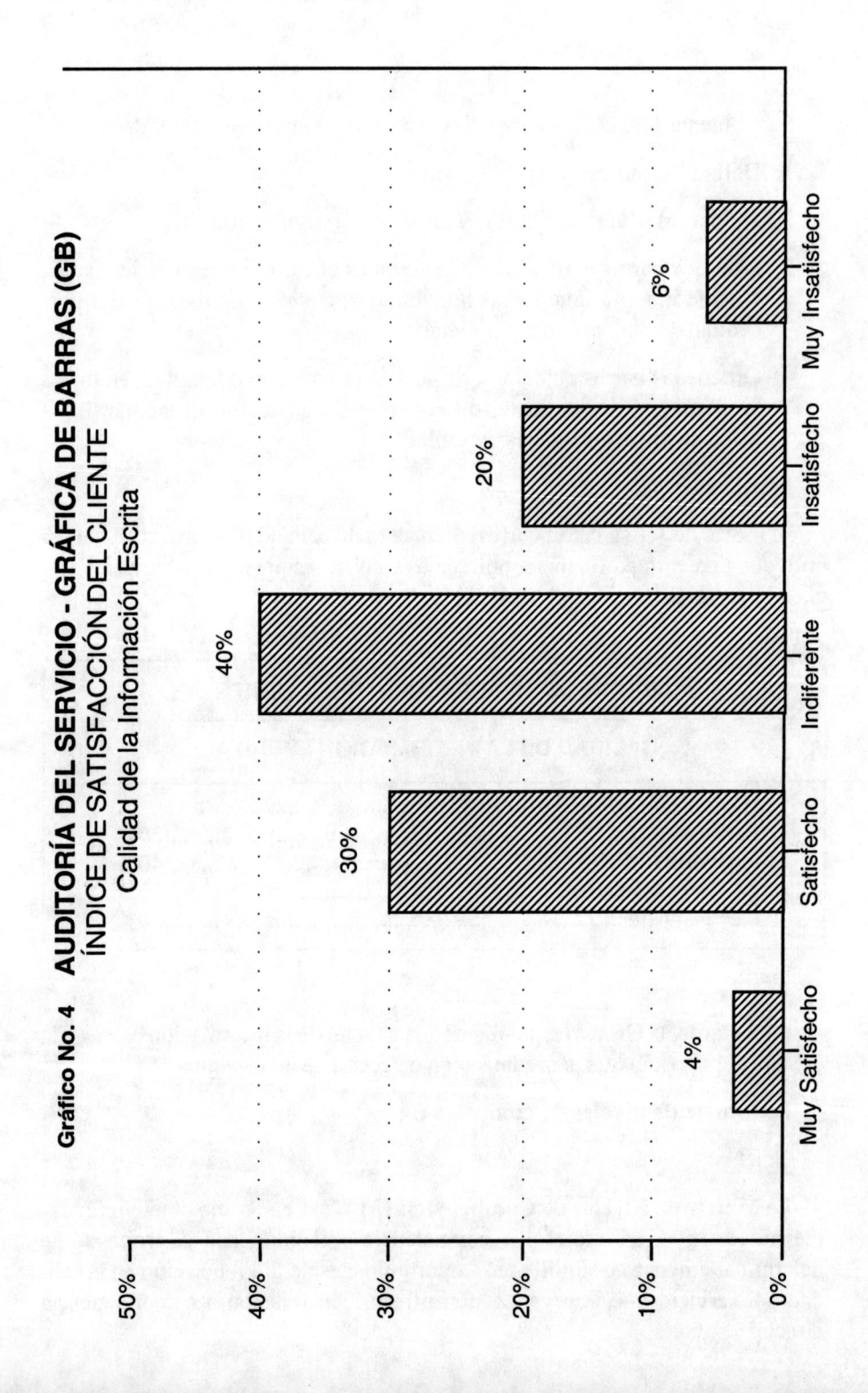

Gráfico No. 4 AUDITORÍA DEL SERVICIO - GRÁFICA DE BARRAS (GB)
ÍNDICE DE SATISFACCIÓN DEL CLIENTE
Calidad de la Información Escrita

Categoría	Porcentaje
Muy Satisfecho	4%
Satisfecho	30%
Indiferente	40%
Insatisfecho	20%
Muy Insatisfecho	6%

Descripción

La construcción de la matriz MNC se basa en tres (3) niveles de competencia, veamos:

NIVEL DE COMPETENCIA	RANGO PORCENTUAL	CLASE DE FACTOR
Inferior	(0...60)	Crítico
Similar	(61...72)	Estable
Superior	(73...100)	Diferenciador

Esta matriz esta formada por el encabezado, el cuerpo y los comentarios.

El **encabezado** incluye:

- La identificación de la organización estudiada.
- La identificación de la auditoría realizada.

El **cuerpo** esta compuesto por:

- Los subtítulos que identifican los niveles de competencia, como son: inferior, similar y superior.
- La identificación del conjunto de índices evaluados base de la comparación con la competencia. Como por ejemplo, los índices sobre la agilidad en trámites, la calidad de la atención del cliente interno, la facilidad en la comunicación telefónica, etc.
- Las "X" utilizadas para marcar el nivel de competencia al cual pertenece un índice determinado.
- Los subtítulos que definen las áreas correspondientes a factores críticos, estables y diferenciadores.

Los **comentarios** destacan los aspectos más representativos de la matriz obtenida.

Actividades

Para obtener una MNC, es necesario realizar las siguientes actividades:

1. Defina los índices de competencia que van a ser representados en la matriz.

2. Identifique la organización y la auditoría realizada.

3. Marque por medio de una "X" el nivel de competencia que determina cada índice, de acuerdo con su valor porcentual correspondiente.

4. Incluya los comentarios que considere adecuados.

Ejemplo

En el desarrollo de la auditoría del servicio sobre el producto cuenta corriente, se ha evaluado a la organización con respecto a su competencia directa en lo referente a la calidad del servicio, calidad del producto e imagen corporativa. Es así como se obtuvieron los siguientes índices de competencia:

ÍNDICE EVALUADO	VALOR DEL ÍNDICE
Calidad Servicio	78%
Calidad Producto	57%
Imagen Corporativa	67%

BANCO DE OCEANÍA AUDITORÍA DEL SERVICIO			
Matriz de niveles de competencia Producto: Cuenta Corriente			
ÍNDICE EVALUADO	INFERIOR (0...60)	SIMILAR (61...72)	SUPERIOR (73...100)
Servicio			X
Producto	X		
Imagen		X	
FACTOR	CRÍTICO	ESTABLE	DIFERENCIADOR
Comentarios Ninguno			

4.4.5. Análisis cualitativo

El análisis cualitativo de la información que provee el cliente se basa en la lista de comentarios de los clientes y su frecuencia de aparición, como resultado del procesamiento de los datos obtenidos.

Los comentarios de los clientes se pueden clasificar en factores generadores de satisfacción e insatisfacción y en necesidades y expectativas.

Las frecuencias de los comentarios realizados por los clientes se pueden apoyar en un conjunto de herramientas que facilitan su análisis, como son:

HERRAMIENTAS DE ANÁLISIS

* Cuadros de frecuencias.
* Histogramas de frecuencias.
* Polígonos de frecuencias.
* Diagramas de círculo.

HERRAMIENTAS DE ANÁLISIS DE LA INFORMACIÓN CUALITATIVA

A. Cuadros de frecuencias

Un cuadro de frecuencias es una tabla que incluye al menos información sobre el comentario del cliente, la frecuencia de ocurrencia del mismo y su valor porcentual con respecto a los comentarios realizados.

Las actividades para realizar un cuadro de frecuencias son:

1. Identifique el cuadro de frecuencias.

2. Incluya los comentarios de los clientes.

3. Presente la frecuencia de ocurrencia de cada comentario del cliente.

4. Calcule el total de comentarios realizados.

5. Calcule la frecuencia correspondiente a cada comentario, con respecto al total.

Ejemplo

BANCO EUROPEO AUDITORÍA DEL SERVICIO		
FACTORES GENERADORES DE INSATISFACCIÓN PRODUCTO: LÍNEAS DE CRÉDITO CIUDAD: ROMA		
COMENTARIO	**FRECUENCIA**	**PORCENTAJE**
. Altas tasas de interés	32	30.00%
. Plazos demasiado cortos	15	14.00%
. Demasiada tramitología	45	43.00%
. Falta de atención personalizada	7	7.00%
. Otros	6	6.00%
TOTAL	**105**	**100.00%**

NOTA: El porcentaje de respuesta se obtiene sobre el total de comentarios obtenidos.

B. Histogramas de frecuencias

El histograma es un gráfico en el cual se presenta la información contenida en una distribución de frecuencias, por medio de dos ejes:

Eje horizontal: Se utiliza para presentar la clasificación u ordenamiento de los comentarios de los clientes.

Eje vertical: Presenta barras cuya altura corresponde a la frecuencia de ocurrencia de cada comentario del cliente.

Para construir un histograma:

1. Identifique el histograma que va a construir.

2. Determine los comentarios del cliente que definen el eje horizontal del histograma.

3. Grafique barras verticales, cuya altura corresponda a la frecuencia de ocurrencia de cada comentario del eje horizontal.

Ejemplo

Con base en el siguiente cuadro de frecuencias de las necesidades de crédito, se presenta a continuación el histograma de frecuencias de las necesidades de financiación, en cuanto al destino del crédito se refiere.

BANCO EUROPEO AUDITORÍA DEL SERVICIO		
NECESIDADES Y EXPECTATIVAS DE CRÉDITO PRODUCTO: LÍNEAS DE CRÉDITO CIUDAD: PARÍS		
COMENTARIO	**FRECUENCIA**	**PORCENTAJE**
. Crédito de fomento	10	9.00%
. Crédito para financiar importaciones	21	18.00%
. Crédito para vivienda	47	41.00%
. Crédito para libre inversión	25	22.00%
. Otros	12	10.00%
TOTAL	115	100.00%

C. Polígonos de frecuencias

Un polígono de frecuencias es un gráfico que se obtiene uniendo los puntos medios de los techos de los rectángulos de un histograma.

Gráfico No. 5 BANCO EUROPEO - HISTOGRAMA DE FRECUENCIA DE NECESIDADES Y EXPECTATIVAS
AUDITORÍA DEL SERVICIO

Categoría	Porcentaje
Crédito de Fomento	9%
Crédito Importación	18%
Crédito Vivienda	41%
Crédito Inver. Libre	22%
Otros	10%

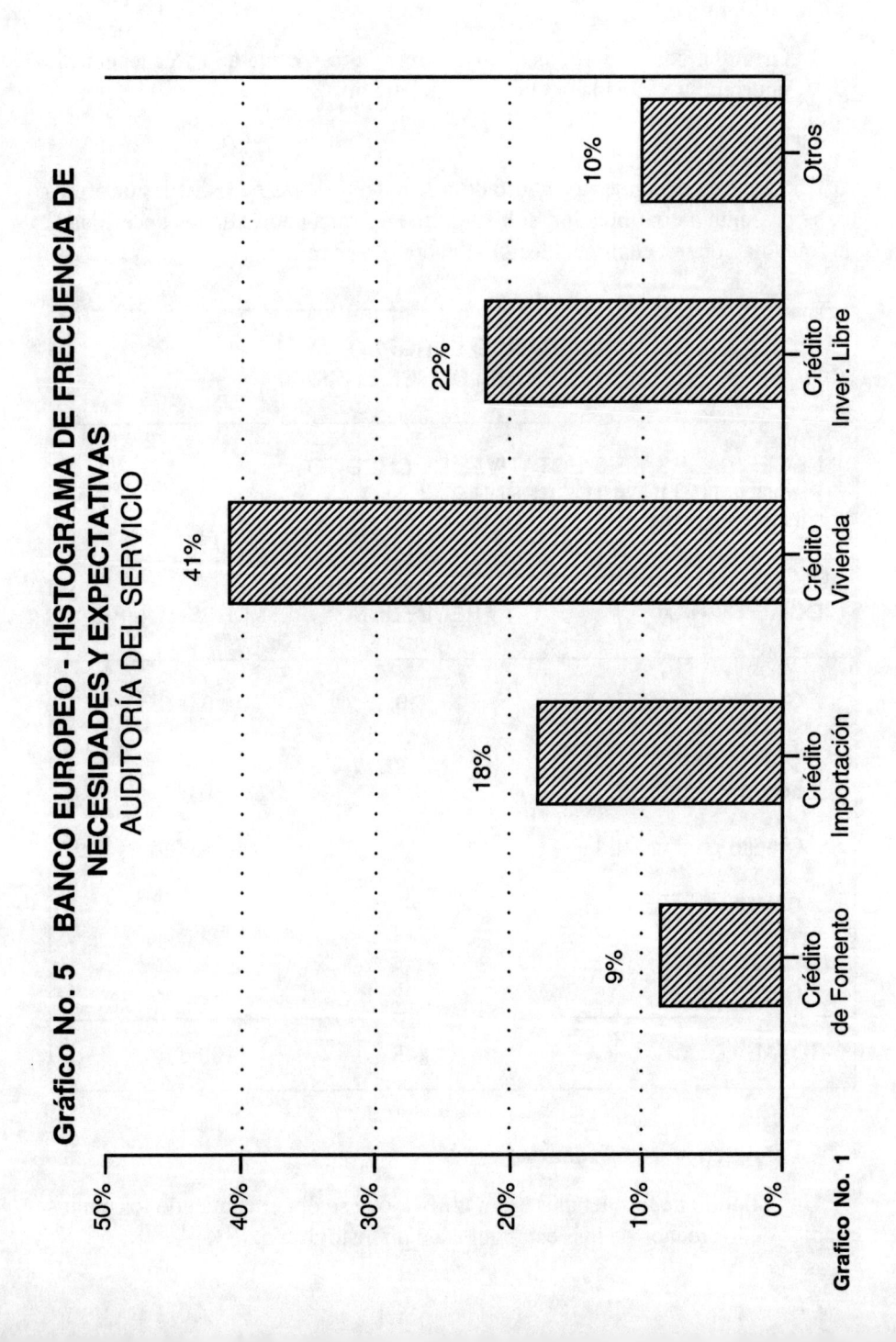

Grafico No. 1

Gráfico No. 6 BANCO EUROPEO - POLÍGONO DE FRECUENCIAS
AUDITORÍA DEL SERVICIO
Necesidades y Expectativas

Crédito de Fomento	Crédito Importación	Crédito Vivienda	Crédito Inver. Libre	Otros
9%	18%	41%	22%	10%

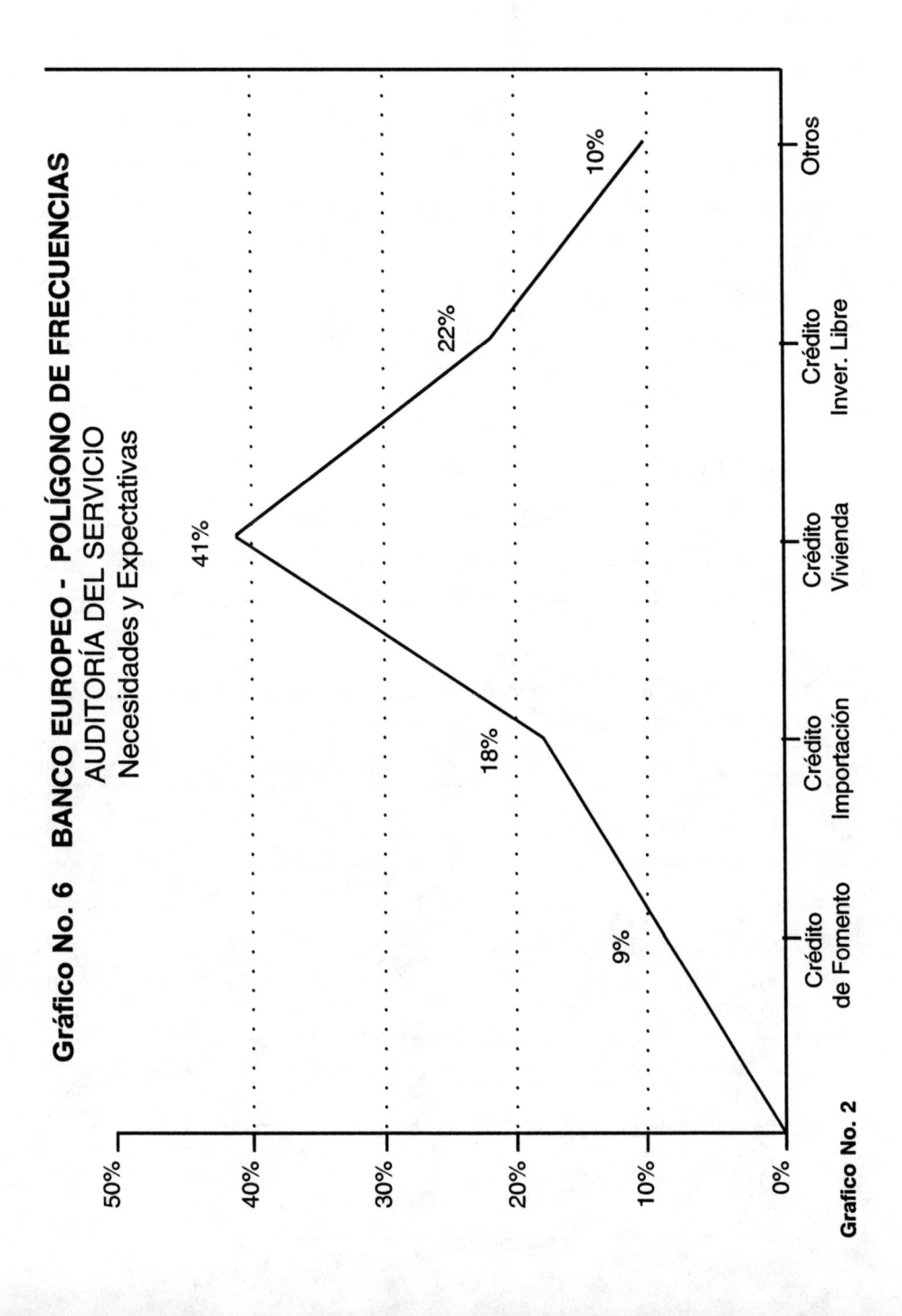

Grafico No. 2

Por lo tanto, para obtener un polígono de frecuencias, se deben llevar a cabo las siguientes actividades:

1. Elabore el histograma con base en el proceso descrito en párrafos anteriores.

2. Una mediante líneas rectas los puntos medios de los techos del histograma.

Ejemplo

El polígono de frecuencias que se presenta en el gráfico No. 2 se basa en el histograma obtenido en el ejemplo anterior, gráfico No. 1.

D. Diagramas de círculo

Un diagrama de círculo es una gráfica circular dividida en varios sectores correspondientes a cada comentario analizado.

Para graficar un diagrama de círculo:

1. Identifique el diagrama de círculo.

2. Defina los comentarios que van a hacer parte del diagrama.

3. Grafique el diagrama presentando sectores cuyo tamaño este determinado por la frecuencia de ocurrencia del comentario evaluado.

Ejemplo

En la auditoría del servicio realizada se ha encuestado a 350 personas, que presentan el siguiente perfil básico:

SEXO	PORCENTAJE ASOCIADO
Masculino	55%
Femenino	45%
EDAD	**PORCENTAJE ASOCIADO**
Entre 15 y 25 años	8%
Entre 26 y 35 años	50%
Entre 36 y 50 años	30%
Más de 50 años	12%
PROFESIÓN	**PORCENTAJE ASOCIADO**
Empleado	45%
Trabajador Independiente	31%
Ama de Casa	9%
Jubilado	10%
Otros	5%

Gráfico No. 7   AUDITORÍA DEL SERVICIO - DIAGRAMA DE CIRCULO
PERFIL DEL CLIENTE
Sexo

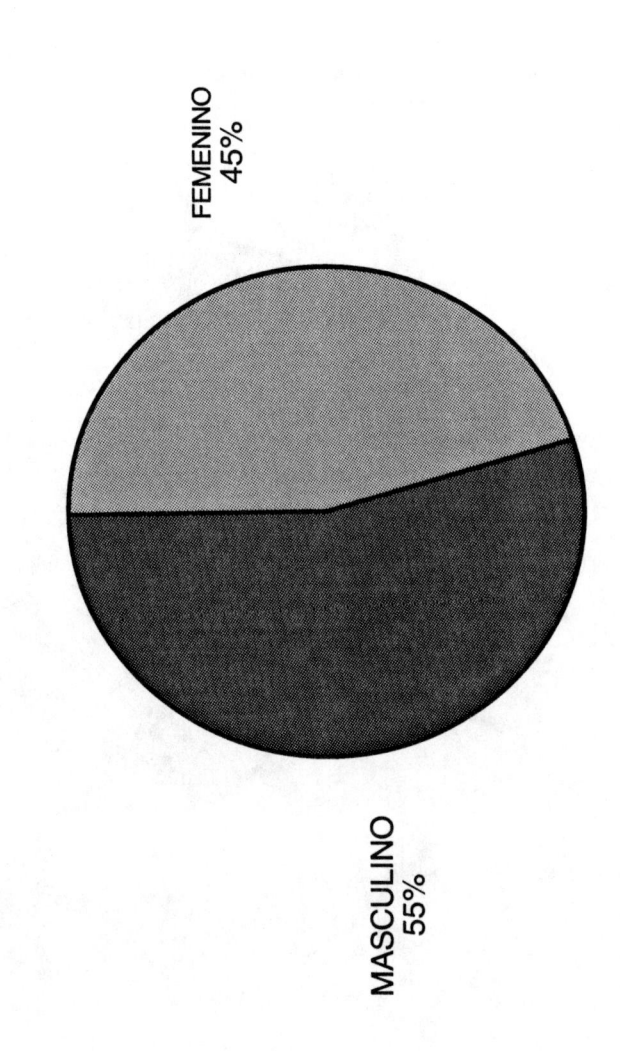

FEMENINO
45%

MASCULINO
55%

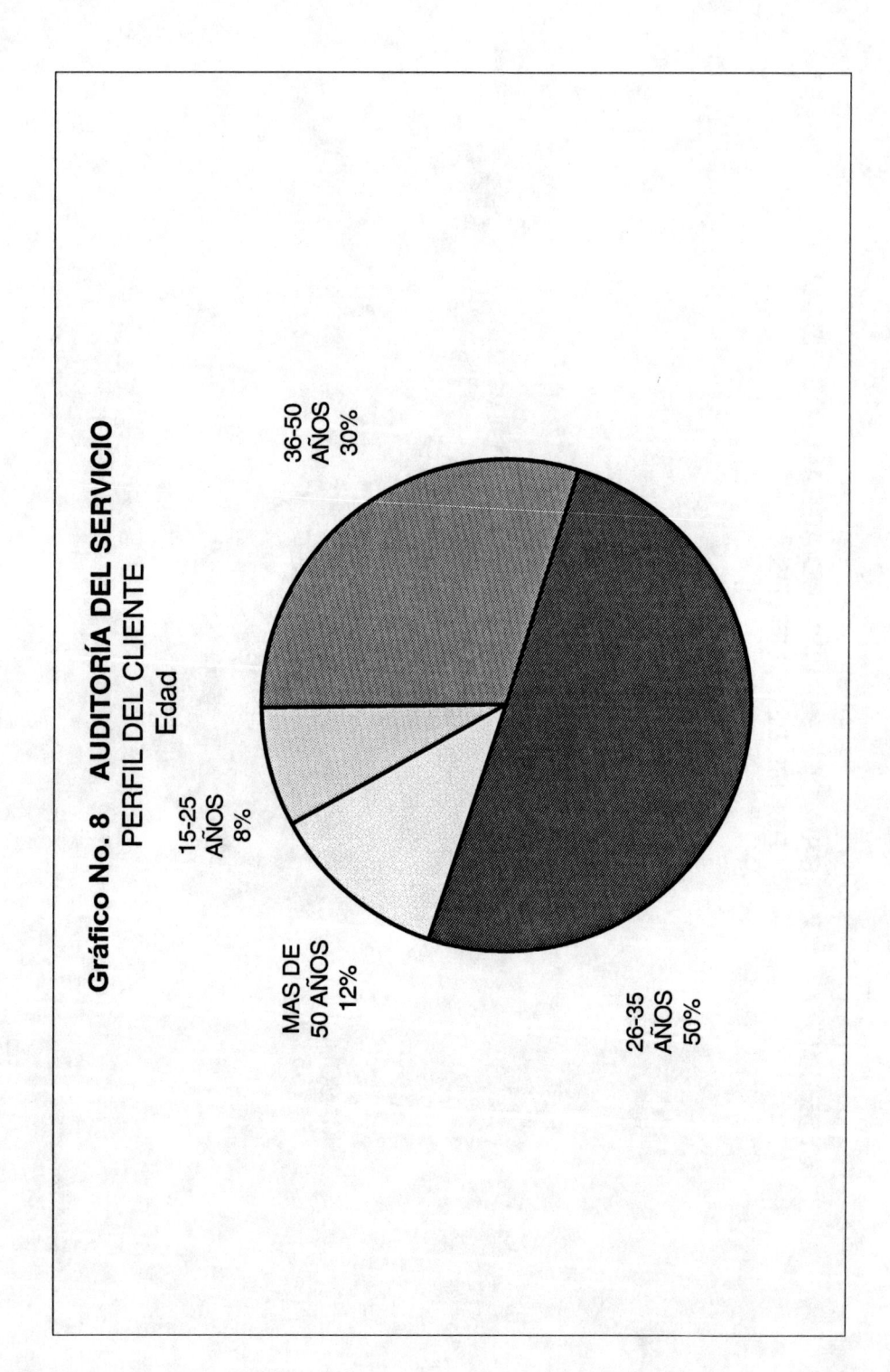

Gráfico No. 8 AUDITORÍA DEL SERVICIO
PERFIL DEL CLIENTE
Edad

- 15-25 AÑOS 8%
- 26-35 AÑOS 50%
- 36-50 AÑOS 30%
- MAS DE 50 AÑOS 12%

SERVICIO AL CLIENTE **175**

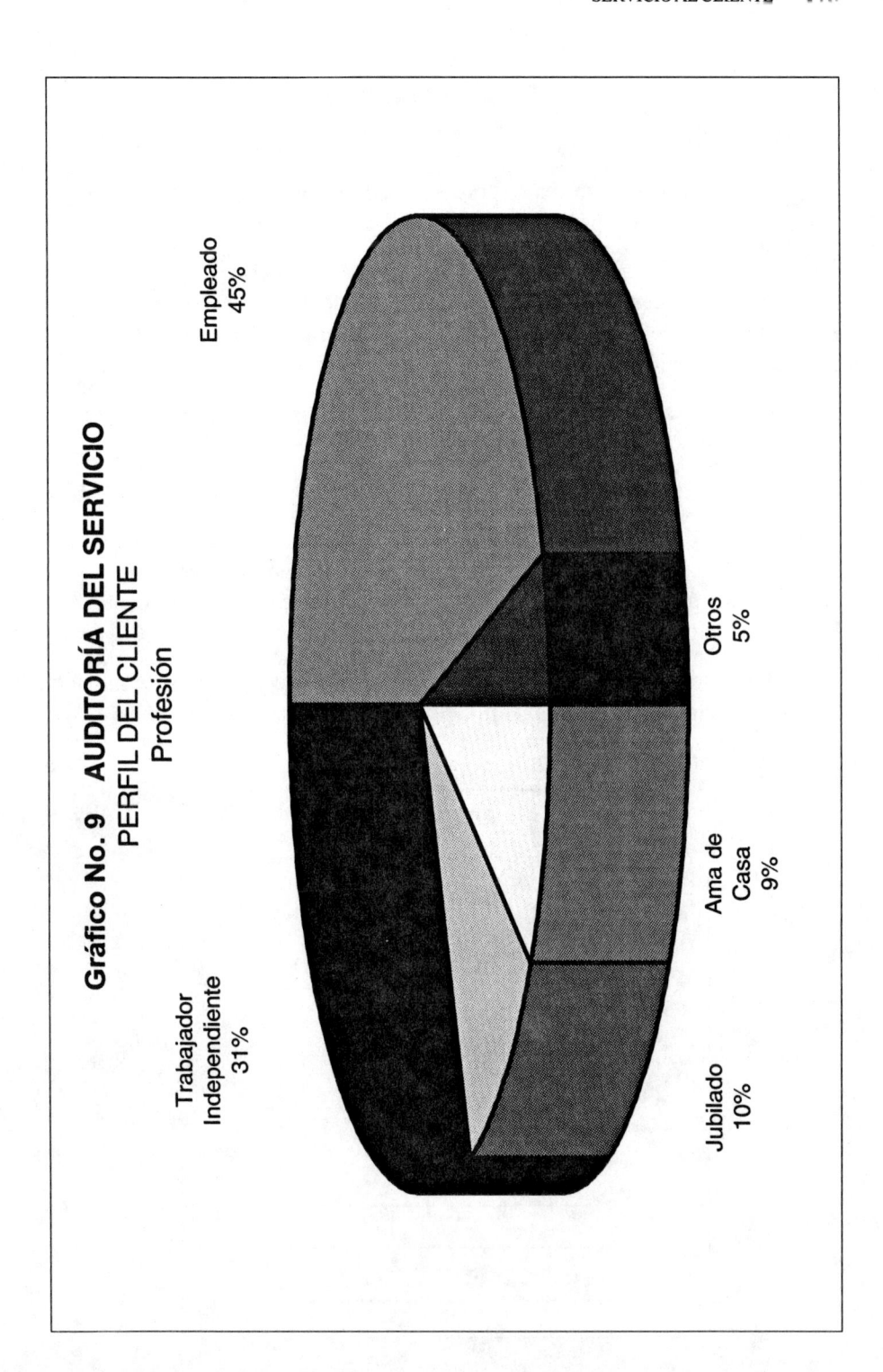

Gráfico No. 9   AUDITORÍA DEL SERVICIO
PERFIL DEL CLIENTE
Profesión

Empleado
45%

Otros
5%

Ama de
Casa
9%

Jubilado
10%

Trabajador
Independiente
31%

4.5. Definir la libreta de calificaciones del cliente

4.5.1. Objetivo

La auditoría del servicio es un proceso dinámico que exige seguimiento, con el propósito de determinar la efectividad de las acciones que se asimilan como resultado de su aplicación.

En este sentido, se ha planteado la necesidad de llevar a cabo auditorías del servicio por lo menos una vez por año, de tal forma que se pueda revaluar el nivel de satisfacción del cliente.

Como soporte fundamental al seguimiento continuo de la evaluación de calidad del servicio ofrecido está la libreta de calificaciones del cliente.

4.5.2. Descripción

La libreta de calificaciones del cliente es una herramienta que registra la medición de calidad del servicio que la organización provee, mediante la presentación acumulada del desempeño de la organización frente al cliente, con base en los índices de satisfacción y competitividad.

La libreta de calificaciones del cliente es una matriz de índices de satisfacción y competencia, que presenta la siguiente estructura:

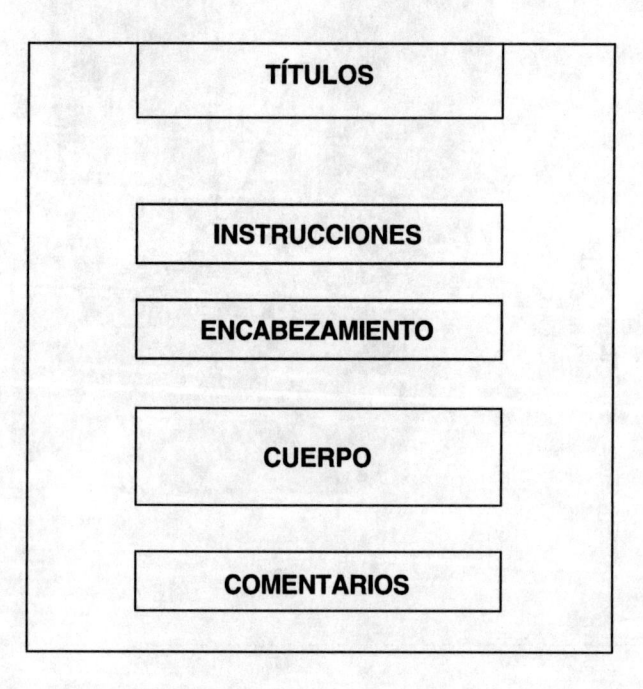

```
┌─────────────────────────────────┐
│         ┌─────────────┐         │
│         │   TÍTULOS   │         │
│         └─────────────┘         │
│                                 │
│         ┌─────────────┐         │
│         │INSTRUCCIONES│         │
│         └─────────────┘         │
│         ┌─────────────┐         │
│         │ENCABEZAMIENTO│        │
│         └─────────────┘         │
│                                 │
│         ┌─────────────┐         │
│         │   CUERPO    │         │
│         └─────────────┘         │
│                                 │
│         ┌─────────────┐         │
│         │ COMENTARIOS │         │
│         └─────────────┘         │
└─────────────────────────────────┘
```

A. Títulos

Corresponde a la informacion básica de la libreta de calificaciones; fundamentalmente, puede ser el nombre de la empresa, el (los) producto(s) evaluado(s), el número de la auditoría, la fecha, el nombre de quien llena el formato de la libreta de calificaciones.

B. Instrucciones

Incluye las actividades que se llevarán a cabo para llenar y representar la información que está en la libreta de calificaciones del cliente.

Éstas son:

1. Llene los campos de información básica de la libreta de calificaciones.
2. Incluya los índices obtenidos en la última auditoría.
3. Obtenga los índices acumulados, con base en el promedio aritmético de los obtenidos en las diferentes auditorías.

C. Encabezamiento

Presenta el siguiente formato:

AUDITORÍA No.	1	2	3	...	N	ACUMULADO
ÍNDICE/FECHA	I-93	VI-93	I-94	...	...	...
Cuerpo de la libreta de calificaciones						

Este encabezamiento presenta las columnas que definen la matriz conformada en la libreta de calificaciones del cliente, como son: la identificación del índice que se obtiene en las auditorías del servicio, los valores obtenidos sobre cada índice y el índice acumulado de las auditorias realizadas (promedio aritmético de los índices obtenidos).

D. Cuerpo

Incluye índices sobre los cuales se va a registrar la información con respecto a la satisfacción del cliente, clasificados de la siguiente manera: índices de satisfacción generales, de satisfacción específicos y de competencia.

AUDITORÍA No.	1	2	3	...	N	ACUMULADO
ÍNDICE/FECHA	I-93	VI-93	I-94	...	...	...
Real Perceptivo		Índices de Satisfacción Generales				
Infraestructura Imagen Comercial Producto Procesos Internos		Índices de Satisfacción Específicos				
Competencia		Índices de Competencia				

E. Comentarios

Presenta anotaciones que el personal de análisis y documentación de la auditoría considere relevantes en un momento determinado.

4.5.3. Diligenciamiento de la libreta de calificaciones del cliente

La libreta de calificaciones del cliente es diligenciada por el personal de análisis y documentación de la auditoría del servicio, mediante la utilización de un formato único de los resultados generales de la auditoría realizada.

No obstante, se pueden llenar tantos formatos como sea necesario para disponer de la información de los índices que produce la auditoría, de acuerdo con los diferentes estratos especificados en el diseño de la muestra.

Por ejemplo, si se analiza la calidad del servicio que ofrece un banco a nivel nacional y se estratifica considerando las cuatro (4) ciudades principales, se pueden mantener libretas de calificaciones para los resultados consolidados del banco, o por ciudad, de acuerdo con la estratificación definida en el diseño de la muestra.

Así mismo, en la libreta de calificaciones se pueden presentar índices generales desagregados, de acuerdo con los diferentes conceptos que los definen. Por ejemplo, el índice perceptivo sobre la calidad de atención que recibe un cliente por parte del personal de una oficina en una institución financiera se puede categorizar de acuerdo con los índices obtenidos de conceptos que lo definen, como son: la amabilidad, cordialidad, oportunidad, agilidad y eficiencia del personal que participa en los momentos de verdad que se presentan a través del ciclo del servicio.

4.5.4. Análisis e interpretación básica de la libreta de calificaciones del cliente

La libreta de calificaciones del cliente presenta cuatro (4) alternativas de análisis e interpretación de los resultados obtenidos, tomando como referencia parámetros internacionales de calidad total y de comparación con la competencia, lo cual se explicó anteriormente.

a. Evaluación de la situación actual

   Considera el análisis de los índices de satisfacción y competencia, obtenidos como resultado de la aplicación de la última auditoría del servicio realizada.

b. Evaluación acumulada de las auditorías del servicio realizadas

   Evalúa los índices acumulados de satisfacción y competencia, los cuales se calculan con base en el promedio aritmético de los obtenidos en las diferentes auditorías realizadas.

c. Evaluación de las tendencias de índices de satisfacción y competencia

   Analiza el comportamiento de los diferentes índices obtenidos, teniendo en cuenta los valores históricos registrados en la libreta de calificaciones del cliente.

   El comportamiento de los índices obtenidos puede ser: estable, creciente, decreciente o cíclico, a través del tiempo.

d. Evaluación comparativa dos a dos

1. **Entre una auditoría y otra**, mediante la comparación de índices obtenidos.

2. **Entre una auditoría y el acumulado**, por medio de la comparación entre un índice obtenido en una auditoría, con respecto al obtenido en el acumulado.

3. **Entre los diferentes índices obtenidos**, mediante el análisis comparativo de índices de diferentes clases.

4.5.5. Esquemas de representación

Los esquemas de representación que facilitan el análisis e interpretación de la libreta de calificaciones del cliente son:

* El cuadro de tendencias.
* Los perfiles de satisfacción del cliente.
* La matriz de niveles de satisfacción.
* El perfil de competencia.
* Las gráficas de barras.

La construcción de los esquemas de representación se explicó anteriormente.

4.5.6. Ejemplo de aplicación

A. Objetivo

Evaluar la calidad del servicio que se ofrece a los clientes que utilizan la tarjeta de crédito de una institución financiera.

B. Presentación de la libreta de calificaciones del cliente diligenciada

BANCO DE LAS AMERICAS AUDITORÍA DEL SERVICIO				
LIBRETA DE CALIFICACIONES DEL CLIENTE				
PRODUCTO: Tarjeta de Crédito. **RESPONSABLE:** Luis Sarmiento. **CARGO:** Director de Desarrollo de Productos. **FECHA:** Santafé de Bogotá, febrero 10 de 1996.				
AUDITORÍA No. **ÍNDICE/FECHA**	1 25-03-96	2 15-03-97	3 05-04-98	ACUMULADO 05-04-98
Real	80,86	82,63	79,24	80,91
Perceptivo	93,00	80,50	85,88	86,46
Infraestructura	78,82	76,50	69,45	75,92
Imagen	91,51	90,78	90,30	91,19
Comercial	82,00	90,9	80,02	84,64
Producto	76,80	79,00	81,04	79,61
Procesos Internos	75,20	76,00	75,40	75,53
Competencia	56,70	68,45	80,82	68,65

Comentarios La evaluación de la calidad del servicio de este producto no incluye índices relativos a la postventa y al recurso humano.

182 *MÉTODOS DE AUDITORÍA Y MEDICIÓN*

C. Presentación del cuadro de tendencias índice real

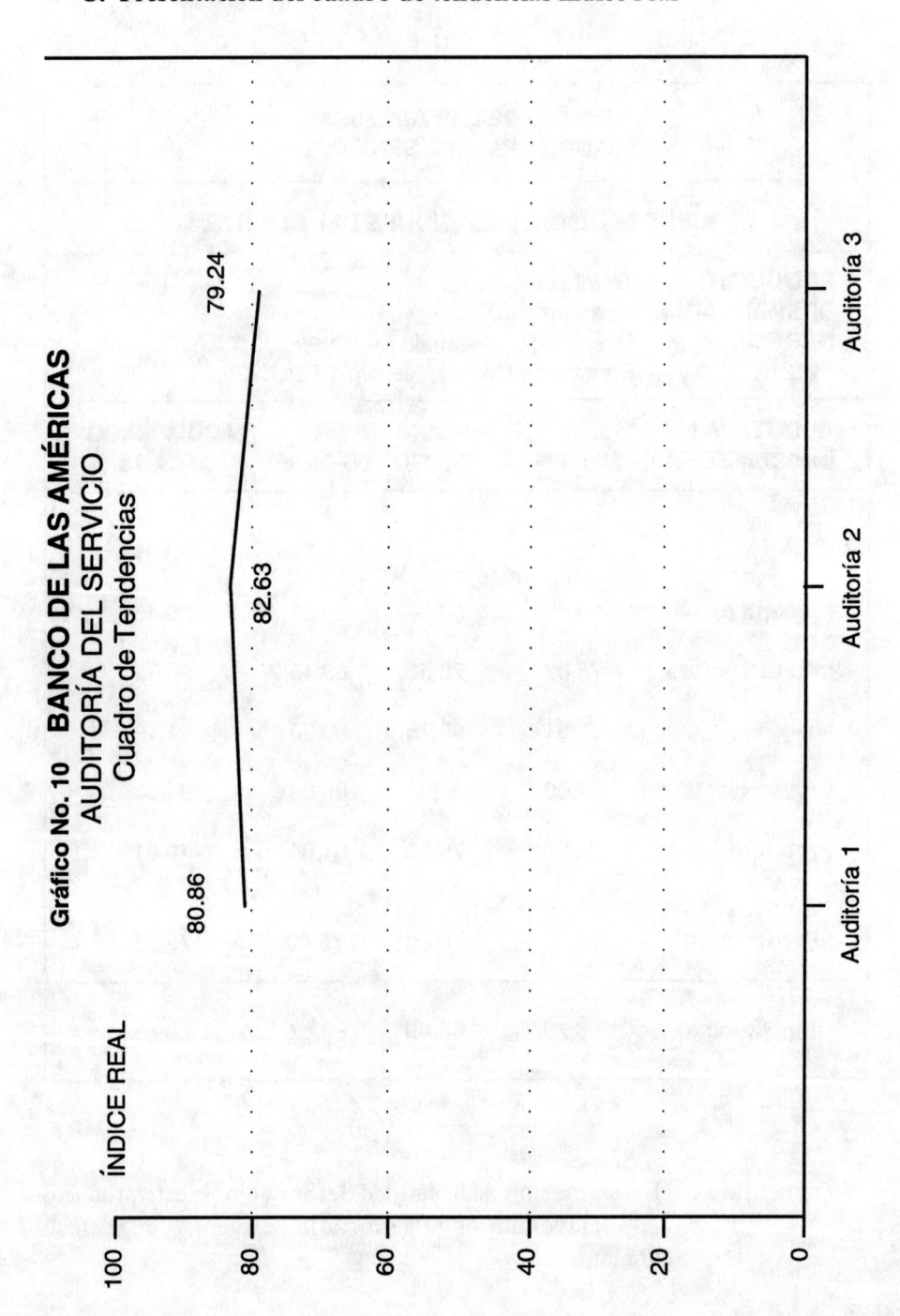

Gráfico No. 10 BANCO DE LAS AMÉRICAS
AUDITORÍA DEL SERVICIO
Cuadro de Tendencias

ÍNDICE REAL

- Auditoría 1: 80.86
- Auditoría 2: 82.63
- Auditoría 3: 79.24

D. Presentación del perfil de satisfacción acumulado

Gráfico No. 11 BANCO DE LAS AMÉRICAS
AUDITORÍA DEL SERVICIO
PERFIL DE SATISFACCIÓN DEL CLIENTE

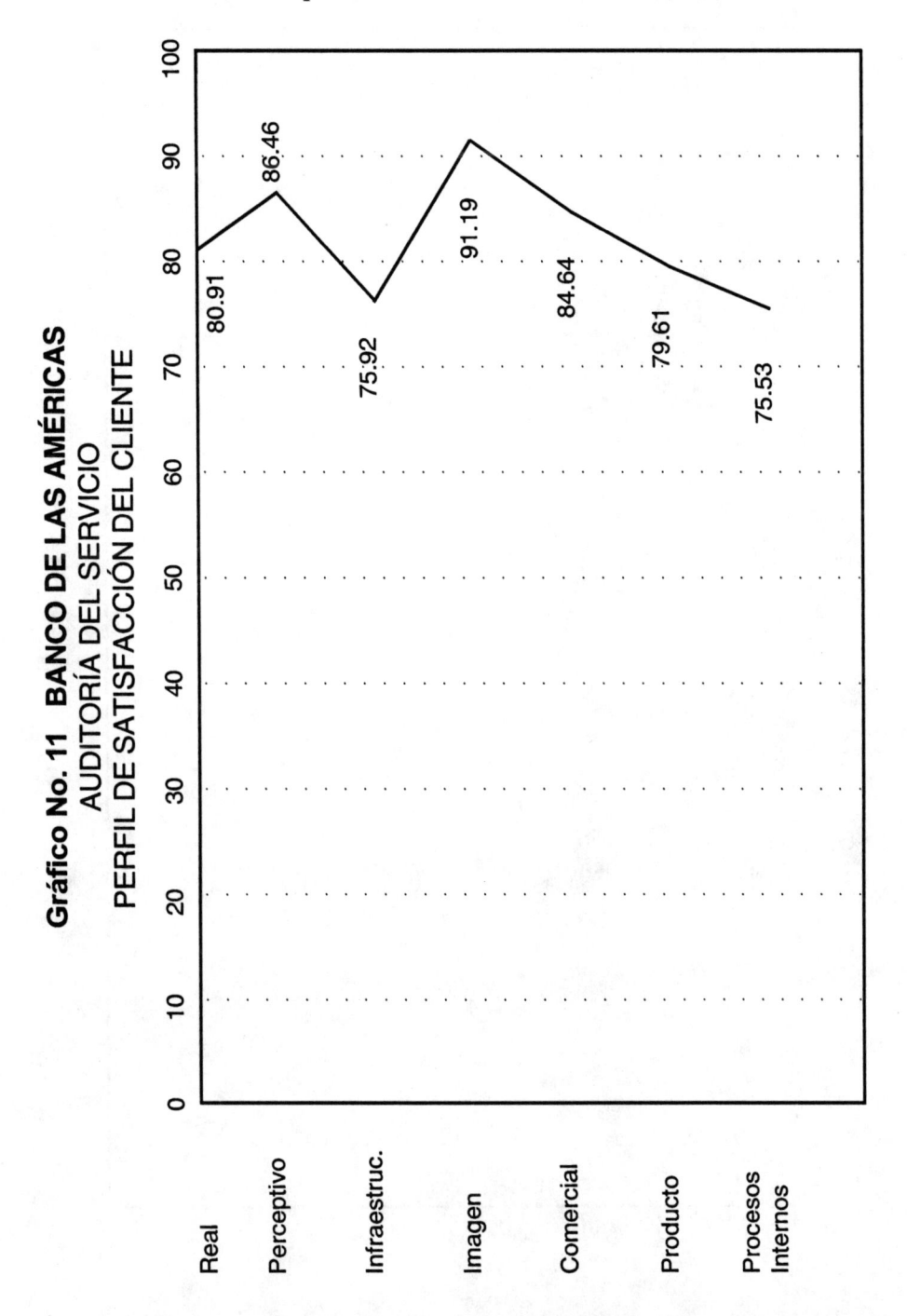

Categoría	Valor
Real	80.91
Perceptivo	86.46
Infraestruc.	75.92
Imagen	91.19
Comercial	84.64
Producto	79.61
Procesos Internos	75.53

184 *MÉTODOS DE AUDITORÍA Y MEDICIÓN*

E. Presentación del perfil de competitividad

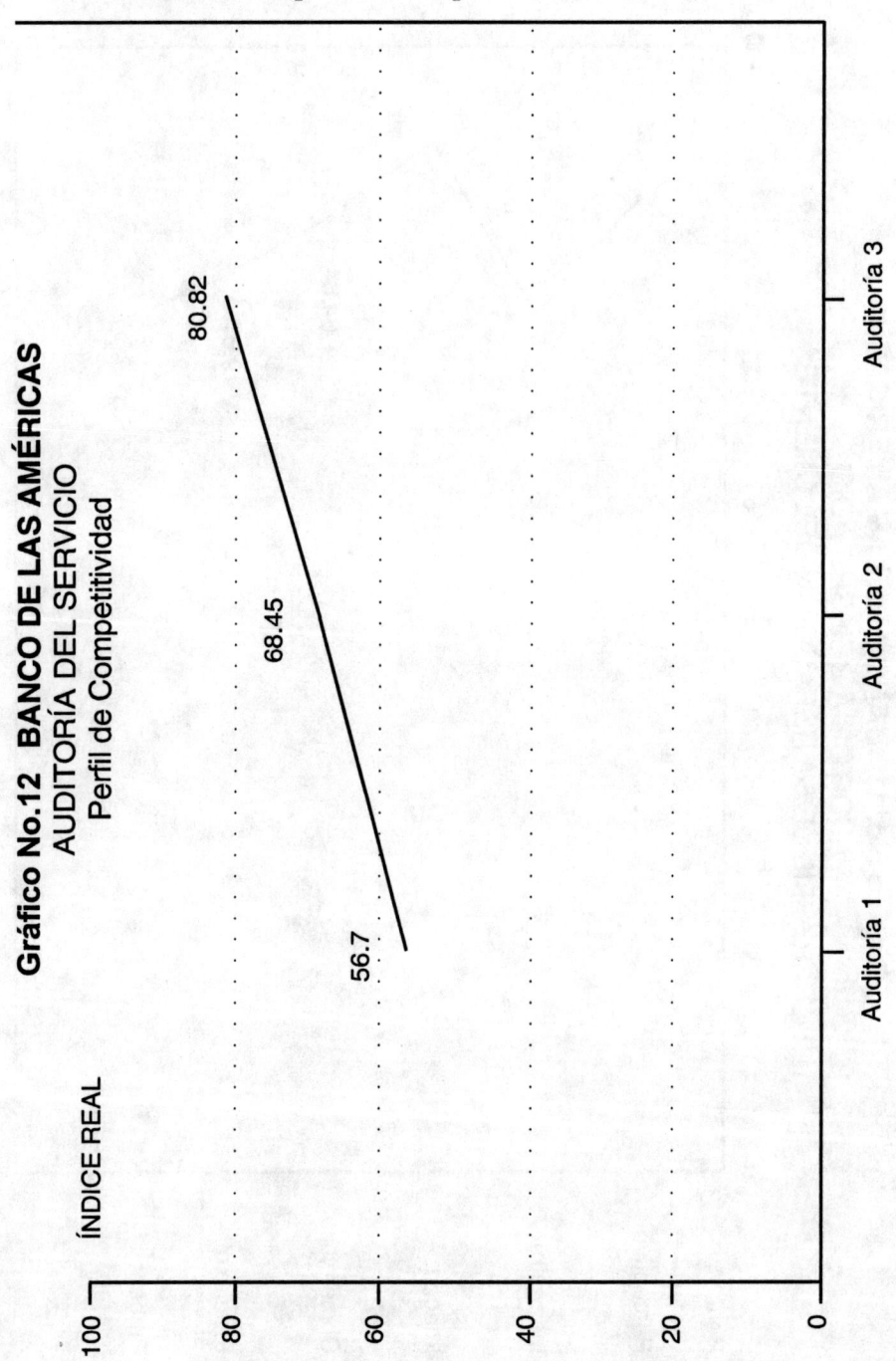

Gráfico No.12 BANCO DE LAS AMÉRICAS
AUDITORÍA DEL SERVICIO
Perfil de Competitividad

ÍNDICE REAL

- Auditoría 1: 56.7
- Auditoría 2: 68.45
- Auditoría 3: 80.82

F. **Presentación gráfico de barras comparativo del índice real v.s. perceptivo**

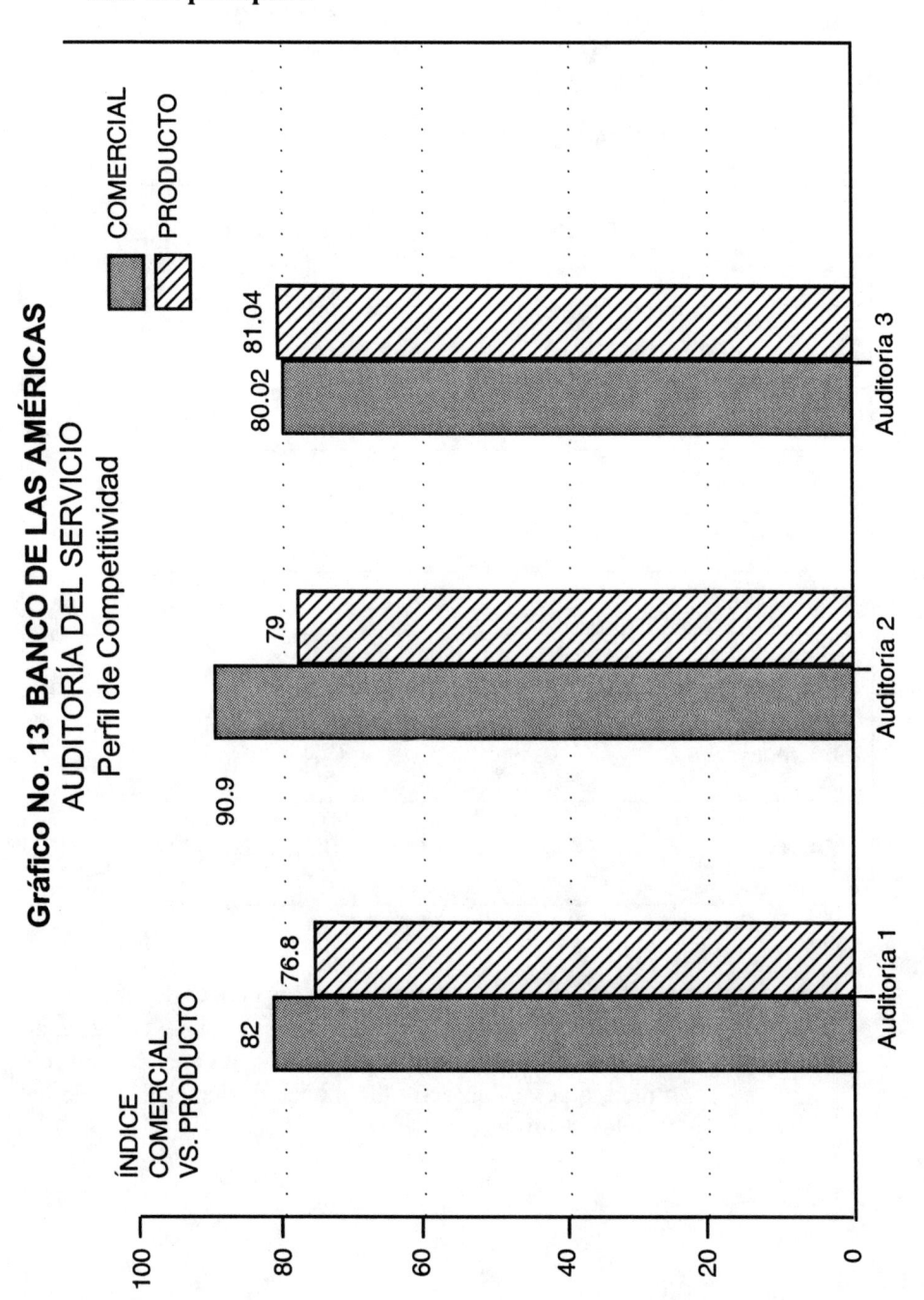

Gráfico No. 13 BANCO DE LAS AMÉRICAS
AUDITORÍA DEL SERVICIO
Perfil de Competitividad

ÍNDICE COMERCIAL VS. PRODUCTO

Auditoría	COMERCIAL	PRODUCTO
Auditoría 1	82	76.8
Auditoría 2	90.9	79
Auditoría 3	80.02	81.04

MATRIZ DE NIVELES DE SATISFACCIÓN BANCO DE LAS AMÉRICAS				
EVALUACIÓN DE LA SITUACIÓN ACTUAL				
ÍNDICE EVALUADO	BAJO (0-80)	ACEPTABLE (80-90)	BUENO (90-95)	EXCELENTE (95-100)
Real	X			
Perceptivo		X		
Infraestructura	X			
Imagen				X
Comercial		X		
Producto		X		
Procesos Internos	X			
FACTOR	CRÍTICO	ESTABLE	DIFERENCIADOR	

Comentarios Los factores críticos definidos por los índices de infraestructura y procesos internos afectan la satisfacción del cliente de tal forma que el índice real se convierte también en un factor crítico, a pesar del factor de imagen diferenciador y de los estables identificados.

MATRIZ DE NIVELES DE SATISFACCIÓN BANCO DE LAS AMÉRICAS				
EVALUACIÓN DE RESULTADOS ACUMULADOS				
ÍNDICE EVALUADO	BAJO (0-80)	ACEPTABLE (80-90)	BUENO (90-95)	EXCELENTE (95-100)
Real	X			
Perceptivo		X		
AUDITORÍA No. ÍNDICE/FECHA	1 25-03-96	2 15-03-97	3 05-04-98	ACUMULADO 05-04-98
Infraestructura	X			
Imagen				X
Comercial		X		
Producto		X		
Procesos Internos	X			
FACTOR	CRÍTICO	ESTABLE	DIFERENCIADOR	

Comentarios En los resultados acumulados de las auditorías realizadas, se observa cómo a pesar de presentar 3 factores críticos (uno más que lo obtiene la última auditoría), el índice de satisfacción real hace parte de los factores estables; lo cual define la posibilidad de permanencia en el mercado de la organización estudiada, desde el punto de vista de la evaluación realizada por la auditoría del servicio.

5. DIFUSIÓN DE RESULTADOS

Realizada la auditoría de la calidad del servicio, ésta debe ser analizada profundamente y sin prevenciones por la alta gerencia de la compañía. Lo que dice el cliente es porque así lo siente. Aquí no valen explicaciones ni justificaciones.

Tampoco cuestionamientos muy comunes a este tipo de estudios: la muestra no fue representativa, la selección fue inadecuada, entrevistaron a los clientes más necios o quienes han tenido problemas en los últimos tiempos. Todas estas son frases que se escuchan muy frecuentemente cuando se analizan resultados. Puede ser que algunas de ellas sean válidas como explicaciones internas, pero nada más.

Para el cliente, estas explicaciones no son válidas. El cliente todo lo que espera es que no se repitan. La responsabilidad de la gerencia es diseñar los correctivos para que las situaciones encontradas en la auditoría no vuelvan a ocurrir. Estos correctivos deben formularse dentro de una estrategia claramente establecida y medible.

El análisis de la auditoría debe dar como resultado la formulación de:

5.1. La estrategia del servicio de la compañía

Una vez que el estudio ha sido analizado por la alta gerencia, los resultados deben ser difundidos a toda la organización, al igual que la astrategia del servicio.

Todos los colaboradores deben conocer qué piensa el cliente externo sobre la calidad del servicio que recibe y cuáles las estrategias definidas por la alta gerencia para mejorar el servicio al cliente. Por tanto, deben difundirse ampliamente y a toda la organización los índices de satisfacción de los clientes y las estrategias corporativas de servicio al cliente.

Para ello, se sugiere que las organizaciones utilicen los grupos primarios o grupos naturales, o como se les denomine en la empresa, como el vehículo fundamental para que todos los colaboradores conozcan qué piensa el cliente externo y cuáles son las estrategias de la compañía para mejorar continuamente el servicio que ofrece.

Estos grupos podrían dedicar una parte del tiempo de sus sesiones a conocer los resultados de la auditoría y así diseñar las acciones que ellos puedan ejecutar en el ámbito de su trabajo, para contribuir a la estrategia global de calidad del servicio de la compañía.

Involucrar a cada colaborador en la prestación de un servicio de calidad es una tarea diaria y permanente. Sólo si cada colaborador asume el reto del servicio, lo hace parte de su trabajo diario, lo vive intensamente, se logrará consolidar una **Cultura del Servicio.**

Para ello, él tiene que ser parte de la estrategia. De allí, la importancia de mantenerlo permanentemente informado de la calificación que hace el cliente sobre la calidad del servicio que recibe y hacerlo participe de las soluciones.

Crear y consolidar una cultura del servicio es uno de los retos para asegurar la nueva competitividad, en unos mercados cada vez más agresivos.

5.2. Planes de acción

La difusión de los resultados de la auditoría, así como la estrategia del servicio debe ir acompañada de unos planes de acción claramente definidos. Con tareas específicas, tiempo necesario para su realización, recursos requeridos, responsables y unos índices de gestión que permitan medir el desempeño de cada una de las áreas frente al cliente.

Realizar una auditoría del servicio que no resulte en la definición de estrategias y en el establecimiento de un plan de acción, con índices de gestión claramente definidos es un esfuerzo inútil, es una pérdida de recurso, es autoengañarse frente al cliente y al mercado.

En cambio, una estrategia del servicio cimentada en el conocimiento del cliente, sus satisfacciones, insatisfacciones y expectativas hecha realidad en planes de acción concretos constituyen el verdadero VALOR AGREGADO que asegura la lealtad del cliente y la competitividad de la compañía.

5.3. Seguimiento de la auditoría y de los planes de acción

La auditoría del servicio no puede ser un evento puntual. Realizarla una vez y luego olvidarse es un esfuerzo y una inversión inútil. Esta debe convertirse en una estrategia permanente que debe traducirse en un desarrollo disciplinado y permanente de la libreta de calificaciones del cliente, metodología explicada anteriormente.

La gran mayoría de los procesos de cambio e innovación fallan por falta de un seguimiento constante y disciplinado. Por ello, no penetran y no se incorporan en las culturas de las organizaciones.

Es, por tanto, indispensable, diseñar un sistema de seguimiento y monitoría que revise periódicamente la calificación –Índice de Satisfacción– del cliente frente al servicio que recibe. Para ello, se sugiere mantener actualizada la libreta de calificaciones del cliente. Esta actualización puede lograrse de cuatro maneras:

1. Mediante teleauditorías periódicas, siguiendo la metodología explicada en el texto.
2. Con la realización de grupos foco.
3. Utilizando clientes incógnitos.
4. Realizando una auditoría del servicio anual, con el fin de convalidar las mediciones parciales realizadas durante el año.

Los resultados del seguimiento deben, igualmente, ser divulgados mediante los mecanismos utilizados para informar los resultados de la primera auditoría.

De la misma forma, después de cada seguimiento será la oportunidad propicia para revisar estrategias y redefinir acciones que busquen mejorar de manera permanente el desempeño de la organización frente al cliente.

La libreta de calificaciones se convierte así en el termómetro del servicio al cliente.

Sólo con un sistema de seguimiento permanente, disciplinado y que induzca acciones efectivas de mejoramiento en el servicio al cliente, será posible consolidar la cultura del servicio, condición indispensable para permanecer, crecer y lograr utilidades en un mercado cada vez más agresivo y competitivo.

Cuando nos preguntamos por qué fracasan las empresas, la respuesta hay que encontrarla en una o más de las siguientes afirmaciones:

a. **Por no saber en qué negocio están.**
b. **Por no saber a dónde ir. Falta de visión, de propósito organizacional.**
c. **Por no asumir el reto de cambiar sus procesos operativos y adaptarlos a las nuevas necesidades del mercado.**
d. **Por negarse a aprender de quiénes tienen mejores desempeños organizacionales (Benchmarking). Por egocentrismo o arrogancia organizacional.**
e. **Por no definir los elementos centrales de su cultura organizacional.**
f. **Por no conocer y monitorear la competencia. Falta de un sistema de inteligencia comercial.**
g. **Por no invertir en el desarrollo de su capital intelectual, su talento humano.**

h. Por no conocer a su cliente.

i. Por no escuchar a su cliente y cuando se le escucha, por no hacerle caso. Esta afirmación es válida tanto para el cliente externo como para el cliente interno.

j. Por falta de consistencia entre lo que se dice y lo que se hace.

k. Por falta de disciplina y persistencia.

La descripción anterior reafirma la importancia de la metodología que se está presentando.

Al cliente hay que conocerlo, hay que escucharlo, hay que creerle, hay que responderle con soluciones concretas, hay que ser consistente entre lo que se afirma como compromiso con el cliente y lo que se hace. Hay que tener disciplina, consistencia y persistencia.

He aquí los elementos que han de asegurar un desempeño exitoso frente al cliente y la consolidación de una cultura y organización sólida, proactiva, centrada en el cliente. El diseño riguroso de un sistema de seguimiento, asegurará que este propósito se haga realidad.

Una nota final

Instaurar un sistema de auditoría del servicio o de medición de la calidad del servicio al cliente o de obtención de índices de satisfacción del cliente, como se le quiera llamar, requiere de una decisión y de un compromiso claro y explícito de la alta gerencia.

Si la alta gerencia no se compromete con este proceso, el fracaso está a la vista. Por ello, esta obra termina con un llamado explícito a la alta gerencia de las compañías. El servicio al cliente empieza y termina en ellos. De ellos requiere compromiso y consistencia en la orientación hacia el cliente. Este compromiso y consistencia deben ser reales.

Para que así sea, son ellos los que tienen que liderar este proceso. Es de ellos, la responsabilidad de su éxito. No de otra manera se cambia la cultura del pasado y se consolida una nueva, en la cual los clientes –internos y externos– son el centro y punto de partida de la actividad empresarial. Hacerlo de otra manera es un engaño que conduce al desastre definitivo: **perder los clientes.**

ESTUDIO DE UN CASO*

Valores y Servicios S.A.

DESCRIPCIÓN DE LA EMPRESA

Valores y Servicios S.A. es una empresa privada multinacional, fundada en 1952. Presta servicios de asesoría jurídica, cobranza jurídica de cartera, información de crédito y análisis de riesgo. Los servicios se ofrecen a los afiliados a nivel nacional en el momento que realizan una transacción comercial y requieren de sus servicios.

Esta empresa tiene más de quince mil entidades afiliadas en los mercados financiero, industrial, comercial y de servicios, en América Latina.

El primer servicio es la asesoría jurídica en el área de contratos y juicios ejecutivos e hipotecarios, para afiliados o no; el segundo es el servicio de cobranzas, que consiste en gestionar prejudicial o judicialmente las obligaciones vencidas en favor de sus afiliados, logrando la recuperación de las mismas y/o acuerdos satisfactorios con el deudor.

Otro servicio es la Central de Información de Crédito; ésta contiene un sistema computarizado que registra la información de deudores morosos a nivel nacional e internacional, ejerciendo restricciones crediticias a deudores, incluidos en la base de datos de Valores y Servicios S.A. La información del deudor se mantiene en pantalla, hasta tanto cancele el valor en mora.

Finalmente, se encuentra un tercer servicio que está dirigido al comercio organizado para facilitar la aceptación de cheques a nivel nacional con el respaldo de la compañía. En este último servicio, se aplicará el ejercicio de auditoría del servicio, que se desarrolla a lo largo de esta obra.

---

* Este caso fue desarrollado por estudiantes del curso de Magíster de la Facultad de Administración de la Universidad de los Andes, bajo la dirección y asesoría del Dr. Humberto Serna Gómez., para servir como base de discusión y no para ilustrar la forma correcta o incorrecta de resolver los problemas administrativos.

Para este servicio de garantía de cheques, básicamente se pagan cheques devueltos al 100% de su valor, girados a favor de los afiliados y que hayan sido aprobados por Valores y Servicios S.A. Este servicio se convierte en un facilitador de transacciones comerciales a través de un medio específico como el cheque.

La competencia de este servicio son los demás medios de pago como las tarjetas de crédito, de débito y el efectivo. La principal es la tarjeta débito.

Cuenta con sucursales en diferentes ciudades del país, con más de 30.000 afiliados y atiende las 24 horas.

Objetivos generales

1. Identificar las necesidades y expectativas de los clientes en cuanto al servicio actual.

2. Obtener los índices de satisfacción del cliente externo mediante la calificación que de él a la calidad del servicio durante el momento de verdad que vive, en el ciclo del servicio del producto.

3. Obtener el perfil de competitividad mediante la comparación que hace el cliente externo del servicio que le ofrecen con respecto al servicio que brinda la competencia directa (Datocheque) y competencia indirecta (Tarjeta débito y crédito de los bancos y establecimientos financieros y comerciales).

4. Obtener la libreta de calificaciones que define las variables y atributos a evaluar. Una vez se realice el análisis, se identifican los atributos y variantes más importantes para valorarlos periódicamente.

Metodología

Para la realización de la evaluación de la calidad del servicio al cliente externo de Valores y Servicios S.A. se desarrollaron las siguientes etapas después de definir los objetivos.

Muestra

Para el desarrollo de la auditoría se realizaron un total de noventa (90) encuestas semiestructuradas en la ciudad de Bogotá, lo cual requirió la visita a noventa (90) organizaciones, en las que se encuestó un funcionario seleccionado con anterioridad por la compañía. La muestra fue segmentada de la siguiente forma:

ALMACENES DE CADENA	MERCADO GENERAL	CLÍNICAS	CONCESIO-NARIOS	COMPAÑIAS RETIRADAS	TOTAL ENCUESTAS
26	22	19	12	11	90

Diseño de las herramientas de medición

Para el desarrollo de este trabajo se definió como herramienta de medición, la encuesta semiestructurada, cuya finalidad es medir la satisfacción del cliente externo mediante preguntas cerradas y abiertas, que permiten establecer necesidades y expectativas, índices de satisfacción y competencia.

Índices de satisfacción

Para su evaluación se han definido como apenas aceptables los índices de satisfacción del 90% al 94%, buenos del 95% al 99% y excelentes del 100%. Índices por debajo del 90% se consideran como de insatisfacción.

Los resultados de esta auditoría del servicio se muestran a través de índices de satisfacción y para efectos de este análisis se consideran los siguientes:

1. **Índice de satisfacción general real,** es un cálculo matemático que se obtiene al ponderar los índices particulares de satisfacción por aspecto evaluado.

2. **Índice perceptivo** es aquel definido por el cliente de acuerdo a su percepción general de la calidad del servicio que percibe en la herramienta.

3. **Índices específicos** por cada uno de los aspectos evaluados, obtenido de la multiplicación de la frecuencia de la respuesta por su valor.

Al finalizar el análisis de los aspectos se evidencia la existencia de generadores de satisfacción e insatisfacción. Sus factores se agrupan bajo los siguientes conceptos:

1. **Elementos intangibles:** Aquellos índices de satisfacción en cuanto a tradición, respaldo, proyección e imagen corporativa de la compañía.

2. **Procesos internos:** Definen la satisfacción del cliente en relación con las actividades de la organización que determinan su agilidad en la atención.

3. **Infraestructura:** Son aquellos que evalúan la satisfacción del cliente con respecto a la planta física de la organización auditada.

4. **Recurso humano:** Definición del concepto del cliente externo con respecto a la calidad de formación y del servicio que ofrece el cliente interno.

5. **Posventa:** Define la satisfacción del cliente con relación a las actividades de la organización después de ofrecido el servicio.

6. **Aspectos comerciales:** Definen la satisfacción del cliente con relación a la atención de reclamos, información exhibida en oficinas, cantidad y ubicación, promociones, entre otros.

Trabajo de campo

Este trabajo fue desarrollado con el soporte de un grupo profesional de encuestadores quienes trabajaron bajo la metodología definida entre el grupo facilitador de Valores y Servicios S.A. y el grupo asesor.

Tabulación

Una vez se obtiene toda la información se procesa para poder obtener los índices de satisfacción del cliente.

ANÁLISIS CUANTITATIVO Y CUALITATIVO

Se presenta un análisis de los ISC clasificándolos en factores generadores de satisfacción e insatisfacción, así como de necesidades y expectativas, lo cual nos lleva a concluir cuáles son las debilidades y fortalezas del servicio.

Índices de satisfacción

Los índices de satisfacción revelan el comportamiento de las frecuencias por preguntas realizadas, permitiendo establecer la satisfacción de los clientes que responden en cada uno de los aspectos evaluados en la herramienta.

Los resultados de esta auditoría del servicio se muestran a través de índices de satisfacción y para efecto de este análisis se consideran los siguientes:

1. Índice de satisfacción general real, es un cálculo matemático obtenido de ponderar los índices particulares de satisfacción por aspecto evaluado.

2. Índice perceptivo, dentro de la metodología definida en las herramientas se estableció una pregunta que permite obtener este índice.

3. Índice específico, en particular por cada uno de los aspectos evaluados. Éste se obtiene de la multiplicación de la frecuencia de la respuesta por el valor de la misma.

Al finalizar cada uno de los aspectos analizados en la herramienta, se puede evidenciar que existen aspectos generadores de satisfacción y otros de insatisfacción.

Estos factores los agrupamos para el análisis por conceptos:

a. Elementos intangibles

b. Procesos internos

c. Infraestructura

d. Recurso humano

e. Posventa

f. Aspectos comerciales

Análisis cualitativo

Para realizar este análisis se llevó a cabo una valorización cualitativa de cada una de las sugerencias que realizaron los clientes; éstas se agruparon posteriormente en factores generadores de satisfacción e insatisfacción, así como en las necesidades y expectativas.

Es importante tener en cuenta que las frecuencias dadas corresponden al número de personas que hicieron cada uno de los comentarios; así mismo, los encuestados opinaron sobre varios aspectos a la vez, por tanto, dichas frecuencias no son sumatorias.

A continuación, se destacarán los resultados más importantes para cada uno de los tipos de clientes entrevistados (cadenas, clínicas, concesionarios, mercado general y empresas que han cancelado este servicio).

Para las cadenas, la calidad más importante del servicio es la seguridad, seguida de la rapidez. Entre los aspectos generadores de insatisfacción se encuentran el servicio demorado y deficiente, –el de más peso–. En cuanto a las necesidades y expectativas, la agilidad en el servicio, el datáfono y el cupo son las de mayor consistencia.

Para las clínicas, el servicio seguro es el aspecto que más genera satisfacción. Por otro lado, la molestia que le representa a los clientes la verificación sumada a la dificultad en las comunicaciones se convierten en dos aspectos que generan la mayor insatisfacción del servicio. Se encuentra también, que el datáfono y el cupo son las necesidades y expectativas más importantes para este tipo de cliente.

En cuanto a los concesionarios, sus necesidades y expectativas más importantes son la publicidad, el datáfono, la información actualizada y una rápida verificación. Los aspectos que generan insatisfacción son la molestia creada en los clientes por el proceso de verificación de datos y su demora.

Los clientes del mercado general opinan que el servicio seguro y rápido es el aspecto generador de satisfacción. El servicio demorado y deficiente es por el contrario, el que genera insatisfacción. En cuanto a sus expectativas y necesidades, la rapidez en la verificación de datos, el datáfono y el cupo siguen siendo las principales causas de insatisfacción del cliente.

Como se mencionó, se entrevistaron clientes que cancelaron su servicio. Para éstos, la rapidez en la verificación sería el aspecto generador de satisfacción. Por otro lado, el que genera insatisfacción es de forma simétrica, la demora en el servicio. También, se trató de conocer los motivos de retiro y no existe una causa generalizada, por el contrario, mencionaron ocho causas para el retiro.

Éstas son: deficiencia del servicio en general, no cubrimientos de cheques, lenta verificación, información no estructurada, despreocupación por el cliente, asuntos gremiales, precios y atención poco competitiva y política de la empresa.

ANÁLISIS CUANTITATIVO GENERAL

Empresas retiradas

Al efectuar un análisis comparativo de los Índices de Satisfacción del Cliente –ISC– es evidente que el índice real de ese segmento del mercado es el más bajo (66.79%); dentro de los parámetros de calidad, este valor se define como muy malo.

Lo anterior explica las posibles causas de retiro, teniendo en cuenta además que la totalidad de los aspectos evaluados del ciclo de servicio son generadores de insatisfacción.

1. El aspecto evaluado que considera el Recurso Humano presenta la mayor insatisfacción con un índice del 60.58%. En esta área todos los puntos evaluados son generadores de insatisfacción, sobresaliendo como índices más bajos, los siguientes:

    - Frecuencia de visitas
    - Cumplimiento a compromisos
    - Seguimientos a quejas y reclamos
    - La forma de contactarse
    - Capacidad de asesoría
    - Calidad en la información que suministra

- Habilidad para interactuar
- Amabilidad y presentación personal

2. Postventa presenta un índice del 62.83%, este resultado permite identificar otra área crítica de servicio, siendo la papelería suministrada y la promoción los factores de mayor insatisfacción.

3. El Índice de Procesos Internos es 66.58%. Los aspectos evaluados más representativos y que generan mayor insatisfacción son:

   - Servicio de verificación que se presta entre las 2:00 y las 4:00 p.m.
   - Agilidad en la toma de datos
   - Tiempo en días hábiles para el reembolso de cheques
   - Agilidad de respuesta
   - Contestar rápidamente
   - Atención del funcionario adecuado
   - Suministro de la información requerida.

4. La Infraestructura con un índice del 69.08%, muestra un área cuyos aspectos evaluados se encuentran dentro de los parámetros de calidad bajos, excepto el rápido acceso telefónico con las oficinas de Valores y Servicios S.A., el cual presenta un índice de 84.43%, que se ubica dentro de los parámetros de calidad calificados como aceptables.

5. El área de Aspectos Comerciales es también un área generadora de insatisfacción con un índice del 71.08%, siendo el datáfono el que obtuvo el menor índice.

El índice perceptivo general se cataloga como muy malo, puesto que sólo alcanzó un 71.08%. Al ser comparado con el índice real (66.79%) resulta más bajo, lo cual indicó que el segmento de clientes retirados percibe mayores deficiencias al evaluar el servicio en general, con respecto a la evaluación de cada uno de los momentos de verdad correspondientes al ciclo del servicio de Valores y Servicios S.A.

Concesionarios

Concesionarios obtuvo un índice real del 68.81% que se ubica dentro de los bajos parámetros de calidad. Todos los conceptos evaluados en este segmento son generadores de insatisfacción.

1. El área más crítica es Postventa con un índice de 53.48%. Los aspectos que presentaron índices más bajos en este caso, fueron:

   - Apoyo publicitario
   - Papelería suministrada

- Servicio de mantenimiento
- Promoción.

2. Otra área crítica relativa a la calidad del servicio es el estudio correspondiente al Recurso Humano. Su índice de 62.27% la ubica dentro de parámetros de calidad muy malos. El comportamiento de los aspectos evaluados permite clasificarlos como generadores de insatisfacción; dentro de los cuales, el más representativo (índice más bajo) corresponde a la frecuencia de visitas del ejecutivo del servicio al cliente. Los mayores índices están relacionados con los siguientes aspectos:

   - Forma de contactar al cliente
   - Habilidad para interactuar

3. Aspectos Comerciales también genera insatisfacción; así lo demuestra el índice del 71.58%. Todos los aspectos evaluados en esta área generan insatisfacción. El índice más bajo está determinado por la variable tope máximo de autorización.

4. El índice de 73.94% del concepto Infraestructura indicó que genera insatisfacción; el aspecto crítico es la comunicación por teléfono con el centro de verificación (59.64%), mientras que el índice más alto lo constituye la utilización del datáfono para realizar la verificación (83.21%).

5. Procesos Internos tiene un índice de 72.43%. Los factores de insatisfacción identificados se relacionan con el servicio que se presta entre las 12:00 a las 4:00 pm y de 5:00 a 8:00 p.m.

La comunicación telefónica con el centro de verificación es ágil en la respuesta, y el tiempo en días hábiles para el reembolso tiene un buen nivel.

6. Elementos intangibles obtuvo el ISC más alto con respecto a las demás áreas, puesto que representa un índice de 76.18%; sin embargo, este valor representa un parámetro de calidad malo.

   Los aspectos con menor índice de satisfacción son:

   - Satisfacción en el servicio
   - Amabilidad por teléfono
   - Atención en el proceso de reintegro.

   Los aspectos con mejores índices corresponden a:

   - Facturación
   - Cobro cordial de facturas

El índice perceptivo general es 81.58%, que lo cataloga como aceptable. Al comparar este índice con el ISC Real (68.81%) se concluye que el cliente de Valores y Servicios S.A., percibe el servicio con menos deficiencias de las que realmente tiene, cuando se evalúa cada contacto con la organización.

Mercado general

El índice real (71.60%) obtenido en este segmento es mayor que los anteriores, aunque todavía no alcanza niveles de satisfacción; por el contrario, este índice se define como malo dentro de los parámetros de calidad.

1. Posventa presenta las mayores deficiencias con un índice del 61.58%, el cual se cataloga como muy malo. Los aspectos críticos que generan los más bajos índices corresponden a publicidad y promoción (55.32%).

2. El índice de 64.40% del área Recursos Humanos significa generar insatisfacción y dentro de los parámetros de calidad se identifica como muy malo. Los factores que presentan los índices más bajos son:

    - Los relacionados con la labor del ejecutivo de servicio al cliente
    - La frecuencia de visitas
    - Seguimiento a quejas y reclamos
    - Amabilidad
    - Forma de contactarlo
    - Habilidad para interactuar
    - Cumplimiento a compromisos.

3. Infraestructura también genera insatisfacción, así lo muestra el índice de 70.54% que puede ser calificado como malo. Los índices obtenidos en cada uno de los aspectos evaluados se encuentran entre el 63.33% y 79.20%, que en su orden corresponden al uso del datáfono para realizar una verificación y obtener un fácil acceso y comunicación telefónica.

4. Con un índice de 75.88%, Aspectos Comerciales se convierte en área crítica dentro de la organización. Todos los factores evaluados generan insatisfacción con índices que se encuentran entre el 69.32% y el 81.42%, correspondiente al tope máximo de autorización y el valor de consulta, respectivamente.

5. Procesos Internos alcanzó un índice de 77.08%, correspondiente a un parámetro de calidad malo cercano a un nivel aceptable.

    Esta área se afecta directamente por los bajos índices que obtuvieron los siguientes aspectos:

- Respuesta telefónica
- Tiempo de reembolso del cheque
- Agilidad en la respuesta
- Tiempo para enviar cheques devueltos
- Nivel de satisfacción con respecto al pago de facturas a través de corporaciones de ahorro y vivienda
- Entrenamiento ofrecido por el funcionario con respecto a la utilización del servicio.

6. Elementos Intangibles con un índice del 75.33%, se encuentra dentro de un parámetro de calidad calificado como malo. Al realizar un análisis comparativo con el índice real (71.60%), éste último resulta ser menor, lo cual indica que el cliente percibe levemente mejor el servicio de lo que realmente es.

Cadenas

Este segmento del mercado presenta un ISC Real (74.12%) superior a los anteriores segmentos analizados. El índice se encuentra dentro de un parámetro de calidad del servicio considerado malo.

1. Posventa posee el índice más bajo (60.72%), razón por la cual es considerado muy malo. Los factores generadores de insatisfacción que afectan el área son:
   - Publicidad
   - Promoción
   - Papelería suministrada

2. El índice de Recursos Humanos es 68.87%. Los factores que generan mayor insatisfacción se relacionan con la frecuencia de visitas, seguimientos a quejas y reclamos, cumplimiento de compromisos, forma de contactar, habilidad para interactuar, y la calidad de la información que se suministra.

3. Otra de las áreas que generan insatisfacción es la de Aspectos Comerciales con un índice de 76.08%. Los aspectos evaluados presentan valores entre 69.75% (tope máximo de autoridad) y el 83.43% (costo de la renta del datáfono).

4. Otro índice bajo corresponde al área de Procesos Internos (76.98%). Las variables analizadas obtuvieron índices entre el 72.33% y 79.42%.

5. El área de Infraestructura tiene un índice de 80.01% que corresponde al nivel aceptable. Además, representa el más alto índice de este concepto con respecto a los demás segmentos.

6. Elementos Intangibles es el área que obtuvo el mejor ISC del segmento con un valor de 82.29%, el cual se encuentra dentro de los parámetros de calidad calificado como aceptable. Es importante anotar, que los índices más altos se refieren a los siguientes aspectos:

   - Comunicación con el centro de verificación (86.66%)
   - Comunicación con las oficinas administrativas (85.32%)

En lo que se refiere al índice perceptivo general, se ubica dentro de un parámetro de calidad considerado malo (74.08%). Esto indica que el servicio se percibe de menor calidad en relación con la evaluación realizada en cada uno de los momentos de verdad.

Clínicas

Posee un índice real del 74.28%, allí se observa como el total de áreas genera insatisfacción.

1. El área más crítica es Posventa con un índice del 59.48%. Los aspectos con índices más bajos están constituidos por:

   - Publicidad
   - Papelería suministrada
   - Promoción
   - Servicio de mantenimiento.

2. El índice de Recurso Humano es de 71.58%. Todos los aspectos evaluados son generadores de insatisfacción. El índice más bajo corresponde a la frecuencia de visita del ejecutivo de servicio al cliente (61.44%), mientras que el mejor índice tiene relación con la presentación personal del ejecutivo de servicio al cliente (77.12%).

3. El área de Infraestructura también genera insatisfacción con un índice de 70.6%. Todos los aspectos evaluados son generadores de insatisfacción siendo el índice más bajo utilizar el datáfono para realizar una verificación.

4. Otra área generadora de insatisfacción es Elementos Intangibles, con un índice del 78.88%. Se consideran aspectos generadores de insatisfacción los siguientes.

- Satisfacción del girador con el servicio
- Atención de los funcionarios en el procedimiento de reintegro de un cheque devuelto
- Atención del vendedor.

Cabe destacar que el aspecto, cuando usted se comunica telefónicamente con el centro de verificación, son amables, obtuvo un índice del 85.43%, considerado aceptable dentro de los parámetros de calidad.

5. Procesos Internos obtuvo un índice del 78.78%. Los factores que generaron mayor insatisfacción fueron el tiempo en días hábiles para el reembolso de los cheques, el pago de facturas a través de corporaciones de ahorro y vivienda, el cobrador de Valores y Servicios S.A. y el tiempo en días hábiles para enviar los cheques devueltos.

6. El área de Aspectos Comerciales presentó el mejor índice de satisfacción (79.78%). El índice perceptivo general (85.08%), se encuentra dentro de un nivel aceptable, y es mayor al ISC real (74.28%). Esto indicó que el cliente percibe el servicio con menos deficiencias de las que realmente tiene, cuando se evalúan cada uno de los contactos con la organización.

Consolidado

Al analizar en conjunto todos los segmentos y considerando el tamaño de la muestra, se obtiene un índice real de 71.94%, el cual se calificó como malo según los parámetros de calidad. Todos los aspectos evaluados son generadores de insatisfacción.

1. Posventa con un índice de 59.96% es el área que mayor insatisfacción general. Los aspectos que presentan deficiencias considerables son:
   - Promoción
   - Publicidad
   - Papelería suministrada
   - Servicio de mantenimiento.

2. El área de Recursos Humanos presentó un índice de 66.40%. La variable que mayor insatisfacción genera corresponde a la frecuencia de visita del ejecutivo de servicio al cliente.

3. Otra área generadora de insatisfacción es Infraestructura cuyo índice es de 74.95%. El aspecto con índice menor se refiere a la comunicación con el centro de verificación y las oficinas administrativas.

4. Aspectos Comerciales con un índice de 75.60% también genera insatisfacción. El análisis de cada uno de los aspectos incluidos en esta área permite determinar que:

   - El tope máximo de autorización obtuvo el menor índice
   - El costo de la renta del datáfono alcanzó el mayor índice

5. El área de Procesos Internos genera insatisfacción puesto que su índice es de 75.90% y según parámetros de calidad se considera malo. Las variables y aspectos que producen mayor satisfacción corresponden a:

   - Tiempo en días hábiles para reembolso de los cheques
   - Servicio de verificación prestado entre las 12 m. y 4:00 pm
   - Pago de facturas a través de las corporaciones de ahorro y vivienda
   - Tiempo en días hábiles para enviar los cheques devueltos
   - Rapidez de la comunicación con el centro de verificación.

6. Elementos Intangibles es el área que genera el mayor índice (78.80%), y no alcanza el nivel considerado aceptable. Es el factor que generó mayor insatisfacción general, con un índice de 72.9%. El aspecto que generó mayor insatisfacción fue que tan satisfecho considera usted que se encuentra el girador con el servicio de Valores y Servicios.

Finalmente, el ISC perceptivo general alcanza un índice del 69.17%, que al ser comparado con el real de 67.2% resulta superior, lo que indica que el cliente de Valores y Servicios S.A. percibe la calidad del servicio levemente superior a lo que realmente la evalúa cuando analiza cada momento de verdad que vive en la organización.

PERFIL DE LA COMPETENCIA

A. Analisis consolidado por competidor

El análisis comparativo frente a la competencia permite determinar que el servicio ofrecido por Valores y Servicios S.A. es superior con un I.C. de 78.82%.

1. Corpicheque:

Frente a la competencia directa de Corpicheque, el índice obtenido (82.11%) indicó superioridad de Valores y Servicios S.A. Al analizar cada uno de los aspectos se observa que la única debilidad frente a la competencia la constituyen los topes máximos de garantías de los cheques, variable que obtuvo una evaluación de 63.21%. Los demás aspectos evaluados fueron considerados mejores que la competencia.

2. Tarjeta Débito - Crédito:

Estos mecanismos de pago se consideran competencia indirecta de Valores y Servicios S.A. En este servicio, la empresa es superior con índice del 76.65% y 74.40% respectivamente.

En referencia a la Tarjeta Débito, todos los aspectos evaluados obtuvieron I.C. superiores para Valores y Servicios S.A. Dentro de éstos, los que menor índice presentaron fueron los siguientes:

a. Horario de atención: 73.19%.

b. Agilidad en el proceso de verificación: 74.14%.

c. Costos del servicio: 76.72%.

El comportamiento de la Tarjeta Crédito es muy similar al de la Tarjeta Débito. El cliente considera superior a Valores y Servicios S.A.

Los aspectos con menor índice fueron:

a. Agilidad en el proceso de verificación: 70.11%.

b. Costos del servicio: 72.28%.

Los demás aspectos evaluados fueron superiores a la competencia. Se puede concluir, que el cliente tiene una percepción del servicio en general superior, frente a otras alternativas que le presentó el mercado.

B. Análisis por tipo de cliente (Segmentos)

1. Compañías retiradas

Éste es el segmento en el cual se perciben mayores deficiencias. El I.C. obtenido fue de 56.71%. Todos los aspectos calificados presentaron índices bajos.

El comportamiento de cada uno de los competidores fue:

1. Corpicheque:

La calificación -I.C.- es 56.54%, lo cual indicó debilidades en Valores y Servicios S.A. frente a la competencia. Todos los aspectos obtuvieron I.C. bajos, y se destacan:.

a. Topes máximos de garantías: 47.32%.

b. Mantenimiento de los datáfonos: 49.55%.

c. Nivel tecnológico: 51.22%.

d. Atención a los funcionarios: 53.12%.

e. Horarios de atención: 54.55%.

2. Tarjeta Débito:

Valores y Servicios S.A. obtuvo un índice de competencia de 54.21%, con resultados que oscilan entre 47.55% y 61.41%.

3. Tarjeta Crédito:

También alcanzaron I.C. inferiores (59.54%). Todos los aspectos considerados fueron inferiores, en especial medios de verificación, donde I.C. sólo alcanzó un 46.35%.

Todos los aspectos evaluados se consideran factores causales del retiro de los clientes.

2. Concesionarios

En este segmento del mercado, el índice de competencia fue de 71.65%, lo cual definió una posición superior con respecto a la competencia directa e indirecta.

El comportamiento por competidor fue el siguiente:

1. Corpicheque:

El I.C. obtenido por Valores y Servicios S.A. indicó superioridad competitiva frente a Corpicheque.

2. Tarjeta Débito:

El resultado indicó un índice de 71.98%. En este caso, al igual que en el anterior Valores y Servicios S.A. es mejor desde el punto de vista competitivo.

3. Tarjeta Crédito:

Se obtuvo un I.C. del 61.22%. Este índice permite establecer una posición de inferioridad con respecto a la competencia de Tarjeta de Crédito. La mayoría de los aspectos evaluados se encuentran entre 64.50% y 66.50%.

3. Clínicas

En este caso, se analizó únicamente la competencia indirecta. El índice de competencia general fue del 75.93%, lo cual catalogó a Valores y Servicios S.A. como superior frente a la competencia.

El comportamiento por competidor fue el siguiente:

1. Tarjeta Débito:

Valores y Servicios S.A. fue superior frente a Tarjeta Débito, así lo confirmó un I.C. de 75.04%. Los aspectos con los I.C. más altos corresponden a:

- Atención a los funcionarios 77.42%
- Medio de verificación 76.31%

La variable costo del servicio fue la mayor deficiencia frente a la competencia, con un índice de 65.83%.

2. Tarjeta Crédito:

Valores y Servicios S.A. también es superior frente a Tarjeta Crédito, en este caso el I.C. fue 76.81%. Las variables evaluadas presentaron índices entre 73.18% y 77.11%.

4. Mercado general

El I.C. de 80.83% indicó superioridad frente a la competencia. Al igual que en el segmento anterior se evaluó únicamente la competencia indirecta cuyo comportamiento se analiza a continuación:

1. Tarjeta Débito:

La superioridad de Valores y Servicios S.A. es evidente (I.C. del 86.98%). En general, todos los aspectos evaluados presentaron índices superiores al 80%, donde se destacan:

- Atención a los funcionarios: 90.66%.
- Agilidad en el proceso de verificación: 88.59%.
- Medio de verificación: 88.04%.

2. Tarjeta Crédito:

El I.C. obtenido fue 74.68%. Esto representó la superioridad competitiva; sin embargo, se determinó como aspecto crítico el costo del servicios, cuyo I.C. correspondió a 65.14% y reflejó una deficiencia importante.

5. Cadenas

En este caso, los clientes calificaron mejor a Valores y Servicios S.A. con un I.C. de 84.24%. El estudio de los competidores permite realizar el siguiente análisis:

1. Corpicheque:

Un I.C. de 90.87% indicó una marcada autoridad de Valores y Servicios S.A. frente a Corpicheque.

2. Tarjeta Débito:

En este caso, el I.C. fue de 76.43%, lo cual representó un mayor nivel competitivo de Valores y Servicios S.A. El aspecto con el más alto índice corresponde a la variable atención del funcionario con un I.C. de 77.49%.

3. Tarjeta Crédito:

Se determinó un I.C. de 78.77%; esto permite confirmar la superioridad de Valores y Servicios S.A. frente a la competencia de tarjeta de crédito.

CONCLUSIONES GENERALES

Las áreas críticas, definidas de acuerdo con la evaluación del servicio realizado al cliente actual y al retirado de Valores y Servicios S.A., son las siguientes:

1. Postventa

No se realiza ningún tipo de seguimiento postventa a los clientes luego que éstos se han afiliado. No existe ningún apoyo publicitario, ni promocional; igualmente, no se da el suministro adecuado de papelería requerido por los establecimientos, ni tampoco ofrece un servicio de mantenimiento a los clientes.

Los clientes calificados como «grandes» son los más satisfechos, porque reciben una mayor atención por parte de las directivas, lo cual genera un descuido de los clientes menores, con lo que se corre el riesgo de perderlos. Es importante cuidarlos porque en un futuro podrían convertirse en clientes más significativos.

El conocimiento que el funcionario posee del cliente es vital. Se debe crear una hoja de vida del cliente externo, donde se puedan evaluar cuáles son las diferentes necesidades y expectativas de cada segmento del mercado, conocer cuáles son los momentos de verdad que ha tenido el cliente con la compañía.

Así mismo, es posible mediante estas hojas de vida, conocer detalles pequeños que no son necesariamente insignificantes, tales como la fecha de cumpleaños, entre otros.

2. Recurso humano

Ésta es un área en la que se debe trabajar fuertemente según el concepto de clientes actuales y de los retirados. Es necesario diseñar con estrategias orientadas al cliente interno con el propósito de lograr los siguientes objetivos:

a. Una cultura de servicio: Conscientizar al cliente interno acerca del servicio que ofrece al cliente externo, con el fin de convertirlo en una ventaja competitiva. Para lograr lo anterior, es necesario crear una actitud hacia el servicio, desde la base de la organización hasta la alta gerencia.

b. Mayor conocimento del servicio: Es evidente la falta de conocimiento que tienen los funcionarios acerca del servicio que ofrece la organización, y el mercado, con la calidad y grado que el cliente lo exige.

Por lo anterior, la información brindada a los clientes es muy deficiente y no cumple con los requisitos básicos de calidad.

Se puede deducir que es necesario desarrollar una labor de capacitación más adecuada acerca de la importancia del servicio, así como de otros temas, de manera que los funcionarios puedan trabajar profesionalmente.

3. Comunicaciones

En el aspecto de las comunicaciones son notables las deficiencias que existen ya que para el cliente es muy díficil comunicarse con el centro de verificación y las oficinas administrativas.

Adicionalmente, cuando el cliente logra comunicarse, no lo atiende el funcionario adecuado y a veces no le dan la información requerida.

4. Aspectos comerciales

Básicamente en lo relacionado con el tope máximo autorizado, las condiciones establecidas para la negociación no cumplen con las necesidades y expectativas del cliente. Estos montos mínimos son considerados por los clientes como muy bajos para las condiciones del mercado.

5. Procesos internos

En general, todos los pasos que vive el cliente en su relación con Valores y Servicios S.A. son considerados lentos y poco eficientes. Es necesario realizar una revisión a todos los pasos para determinar las mayores oportunidades de mejoras.

La agilidad es importante para que a los clientes se les preste un servicio óptimo. En los momentos de verificación y autorización requieren respuestas rápidas y oportunas. El período crítico es entre el mediodía y las cuatro de la tarde, y aún más los días viernes y sábado.

Es posible afirmar en términos generales, que tanto los clientes actuales como los retirados, se encuentran muy insatisfechos respecto a los servicios prestados. La insatisfacción es evidente y la calidad del servicio es muy pobre. Esta apreciación es fuerte entre los clientes retirados, y menos presente en el segmento de las clínicas.

El cliente interno debe conocer los resultados de la auditoría porque así contribuirá a desarrollar un mayor grado de compromiso, y ésta debe convertirse en una práctica continua que permita desarrollar una apropiada cultura del servicio.

Sin embargo, el servicio que ofrece Valores y Servicios S.A. es considerado superior al de la competencia. Lo anterior es un indicador de la mala calidad en general de los servicios existentes, y de la ausencia de una actitud más exigente por parte de los clientes, la cual podría obligar a los proveedores de este tipo de servicios a reconsiderar la calidad de su labor.

La auditoría del servicio debe realizarse con frecuencia, ya que es un el mecanismo apropiado para detectar los problemas percibidos por el cliente; la auditoría del servicio al cliente es la base para la evaluación de la utilidad de las medidas correctivas aplicadas desde la última auditoría y ayuda a definir las estrategias que se deben utilizar para resolver los nuevos problemas.

**Gráfico No. 14 AUDITORÍA DEL SERVICIO
VALORES Y SERVICIOS S.A.
RETIRADOS**

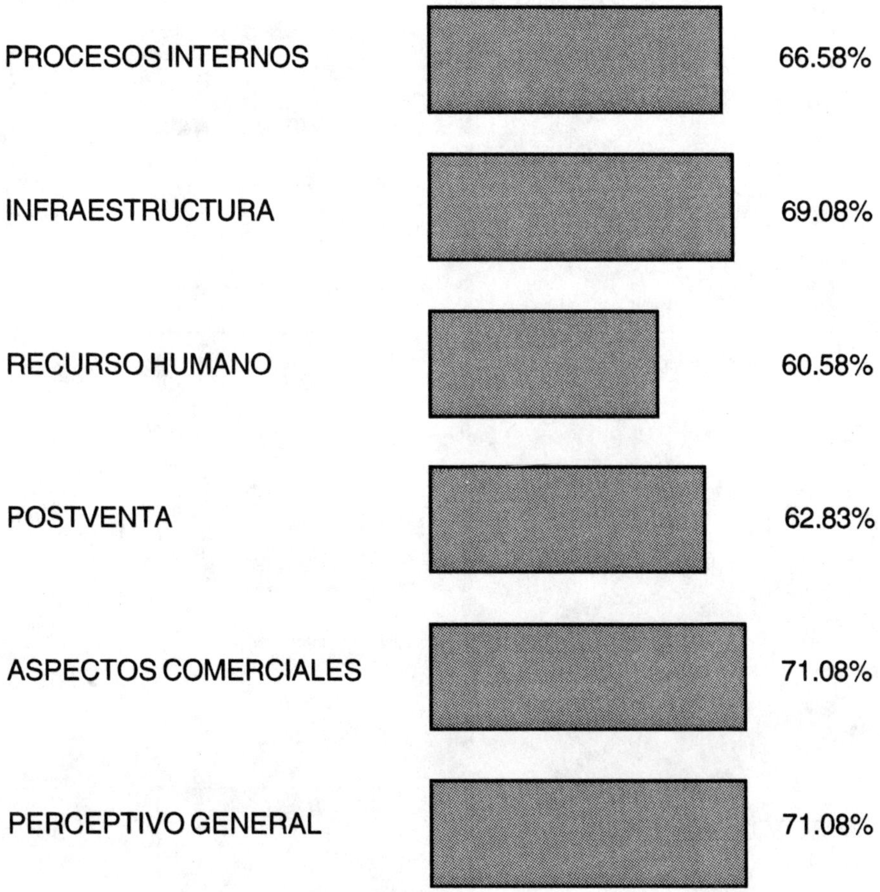

Categoría	Porcentaje
PROCESOS INTERNOS	66.58%
INFRAESTRUCTURA	69.08%
RECURSO HUMANO	60.58%
POSTVENTA	62.83%
ASPECTOS COMERCIALES	71.08%
PERCEPTIVO GENERAL	71.08%

Gráfico No. 15 **AUDITORÍA DEL SERVICIO**
VALORES Y SERVICIOS S.A.
CONCESIONARIOS

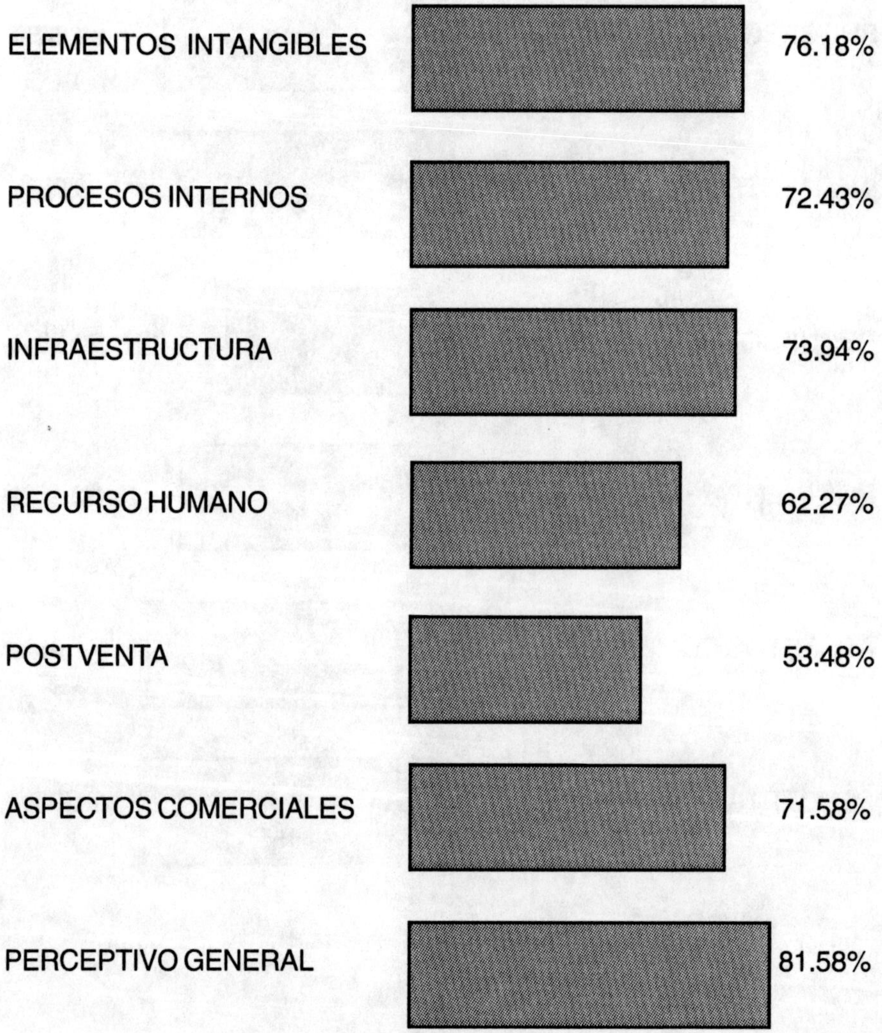

ELEMENTOS INTANGIBLES	76.18%
PROCESOS INTERNOS	72.43%
INFRAESTRUCTURA	73.94%
RECURSO HUMANO	62.27%
POSTVENTA	53.48%
ASPECTOS COMERCIALES	71.58%
PERCEPTIVO GENERAL	81.58%

Gráfico No. 16 AUDITORÍA DEL SERVICIO
VALORES Y SERVICIOS S.A.
MERCADOS GENERALES

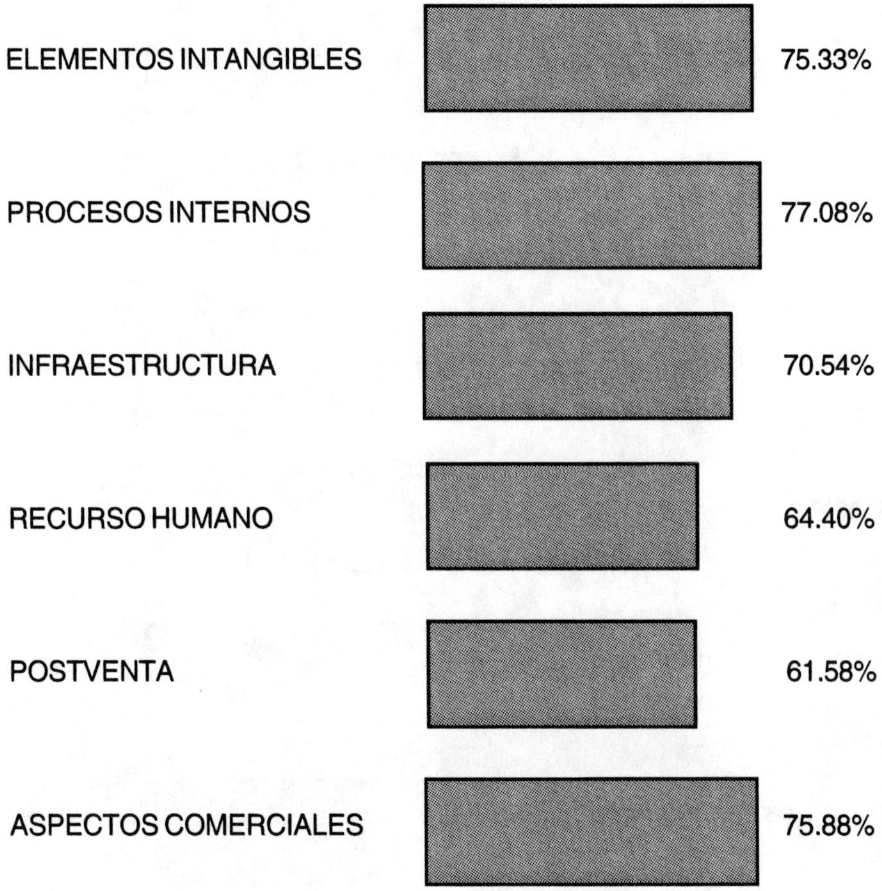

ELEMENTOS INTANGIBLES	75.33%
PROCESOS INTERNOS	77.08%
INFRAESTRUCTURA	70.54%
RECURSO HUMANO	64.40%
POSTVENTA	61.58%
ASPECTOS COMERCIALES	75.88%

Gráfico No. 17 **AUDITORÍA DEL SERVICIO**
VALORES Y SERVICIOS S.A.
CADENAS

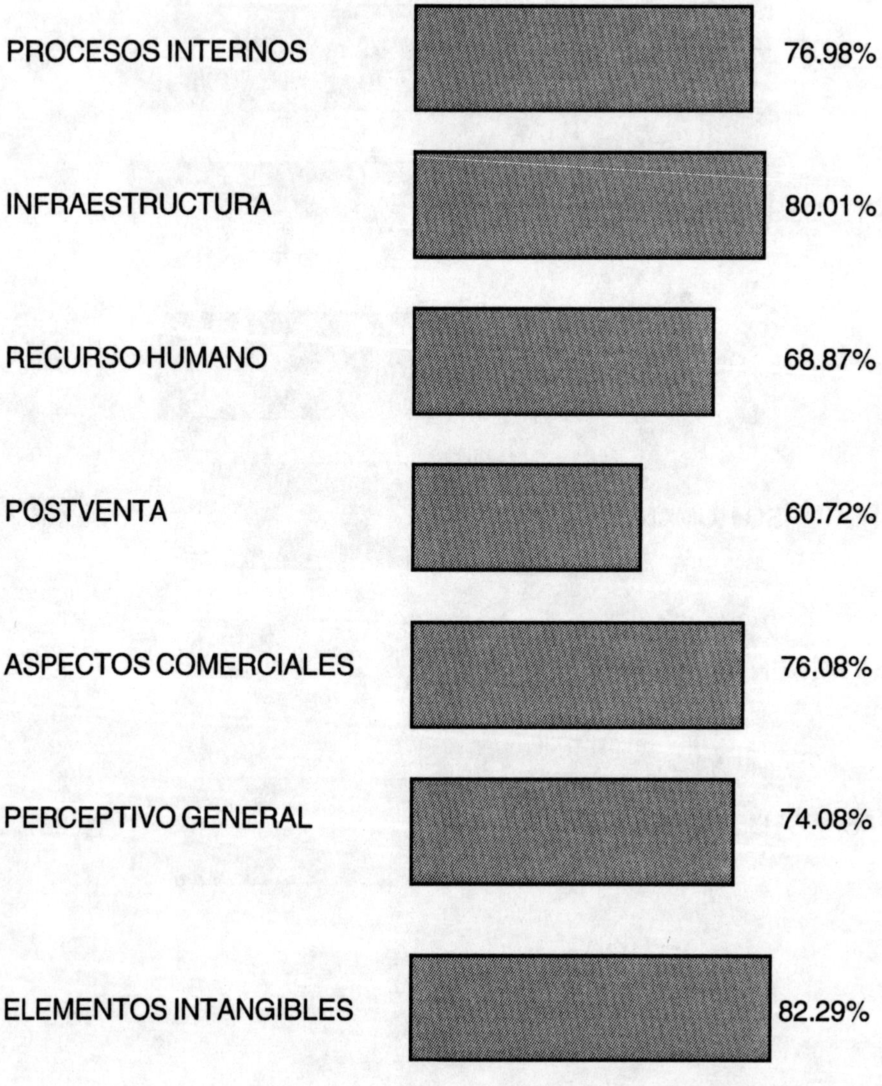

Categoría	Porcentaje
PROCESOS INTERNOS	76.98%
INFRAESTRUCTURA	80.01%
RECURSO HUMANO	68.87%
POSTVENTA	60.72%
ASPECTOS COMERCIALES	76.08%
PERCEPTIVO GENERAL	74.08%
ELEMENTOS INTANGIBLES	82.29%

Gráfico No. 18 AUDITORÍA DEL SERVICIO
VALORES Y SERVICIOS S.A.
CLÍNICAS

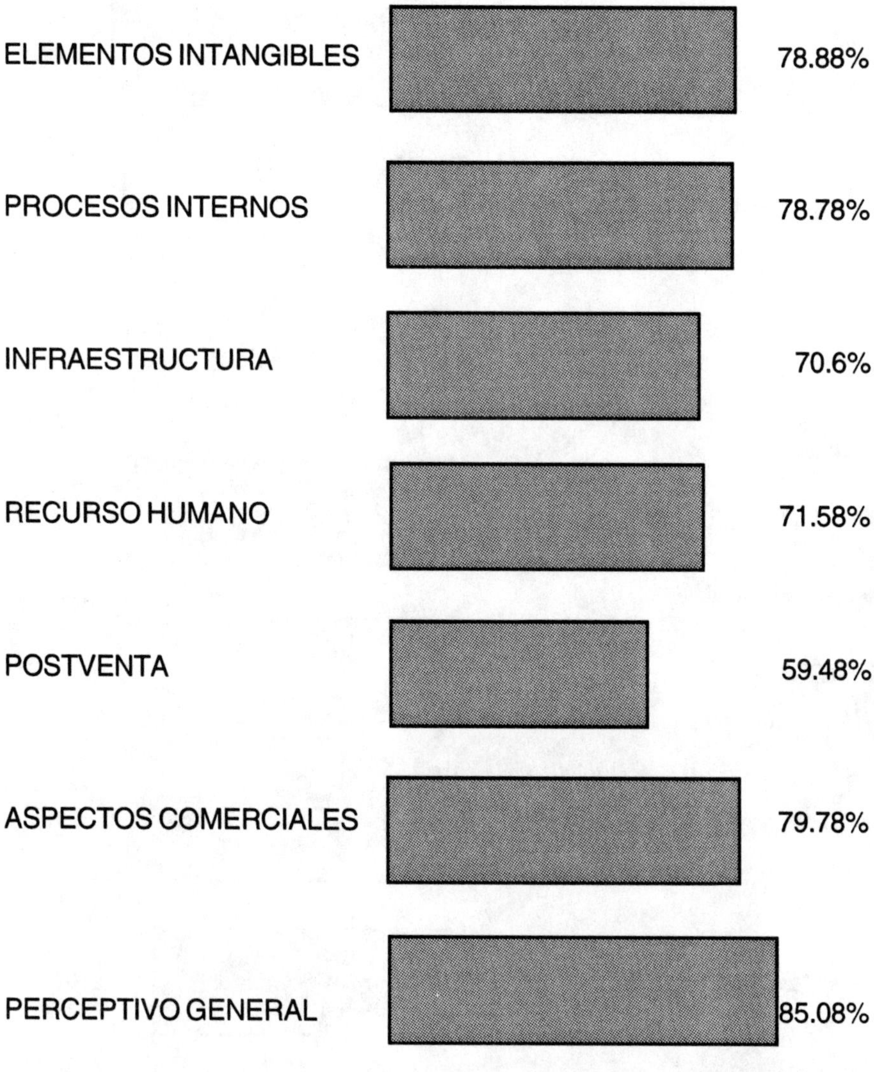

Categoría	Porcentaje
ELEMENTOS INTANGIBLES	78.88%
PROCESOS INTERNOS	78.78%
INFRAESTRUCTURA	70.6%
RECURSO HUMANO	71.58%
POSTVENTA	59.48%
ASPECTOS COMERCIALES	79.78%
PERCEPTIVO GENERAL	85.08%

Gráfico No. 19 **AUDITORÍA DEL SERVICIO**
VALORES Y SERVICIOS S.A.
CONSOLIDADO

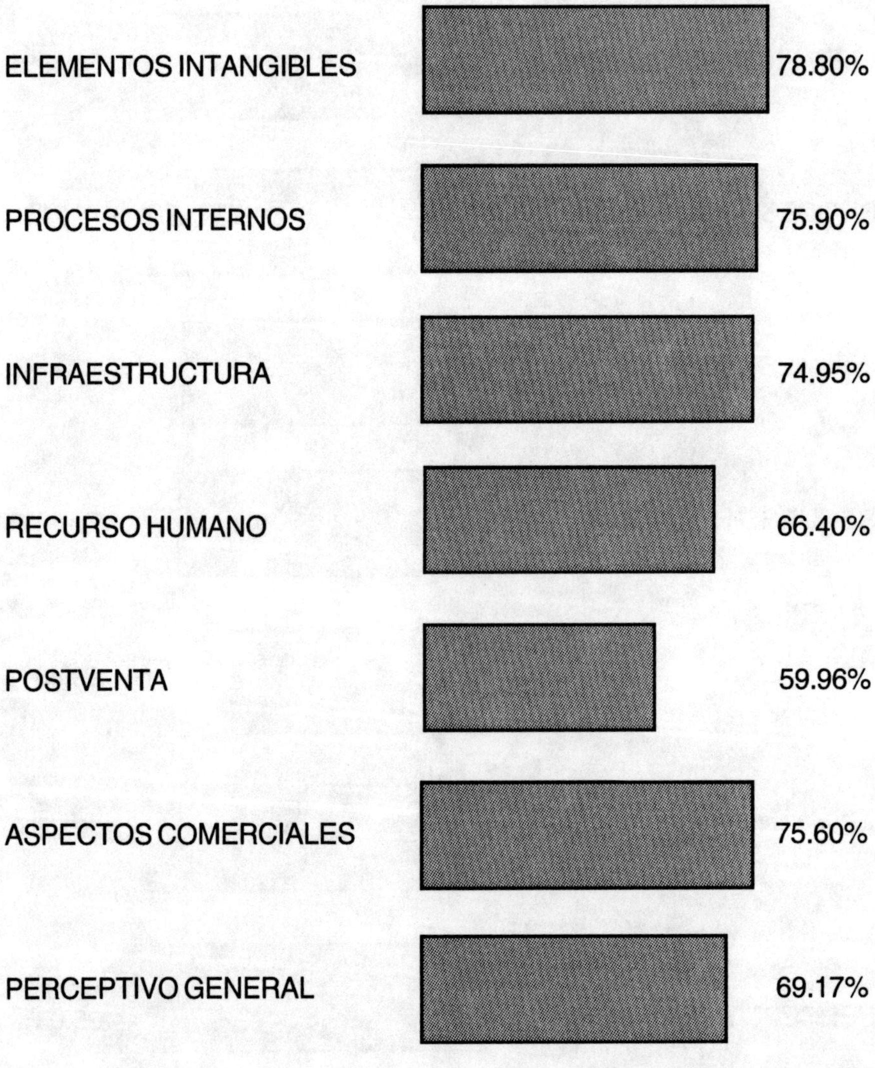

Categoría	Porcentaje
ELEMENTOS INTANGIBLES	78.80%
PROCESOS INTERNOS	75.90%
INFRAESTRUCTURA	74.95%
RECURSO HUMANO	66.40%
POSTVENTA	59.96%
ASPECTOS COMERCIALES	75.60%
PERCEPTIVO GENERAL	69.17%

SERVICIO AL CLIENTE 217

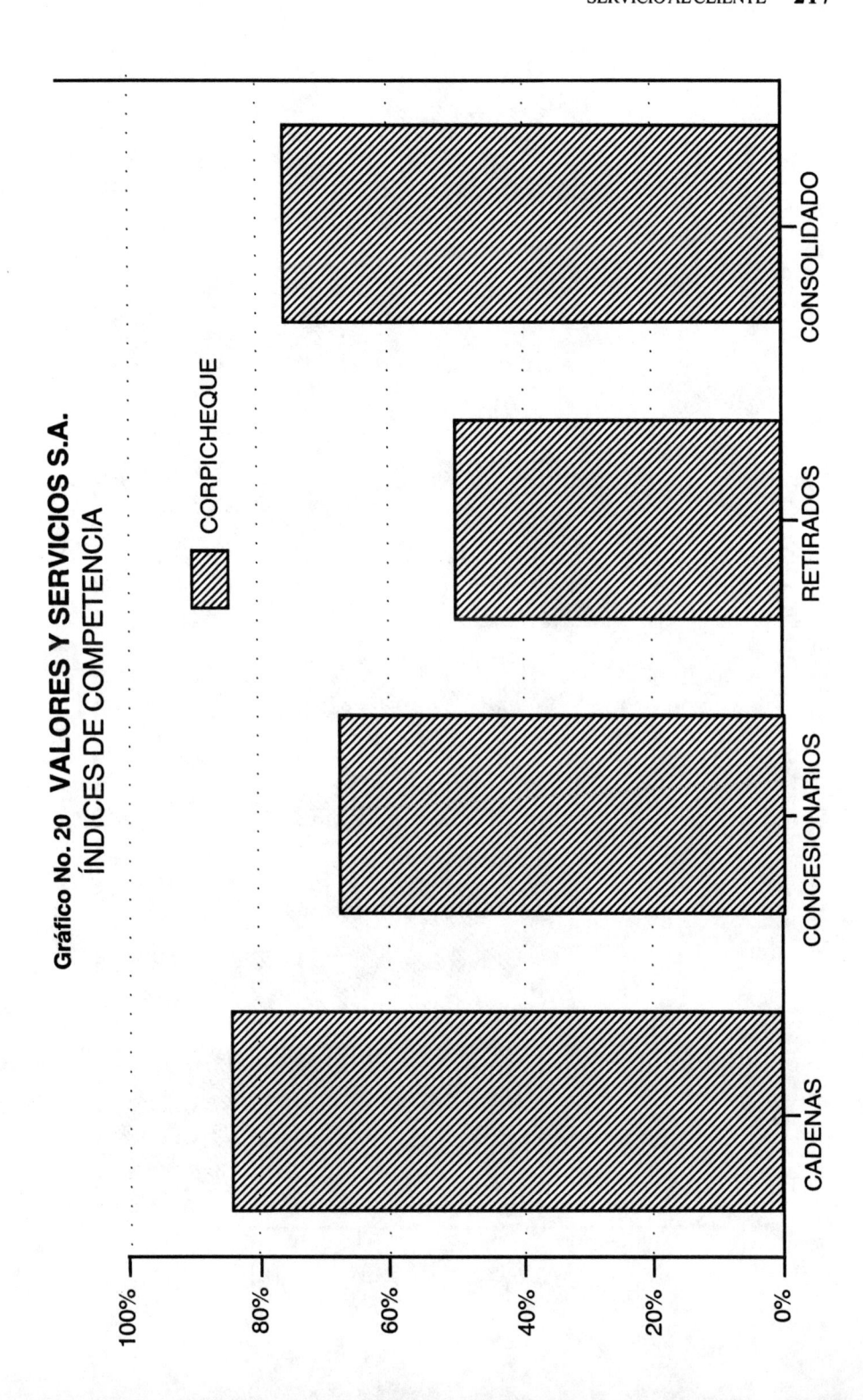

Gráfico No. 20 VALORES Y SERVICIOS S.A.
ÍNDICES DE COMPETENCIA

	CORPICHEQUE

Categoría	%
CADENAS	~85%
CONCESIONARIOS	~65%
RETIRADOS	~50%
CONSOLIDADO	~75%

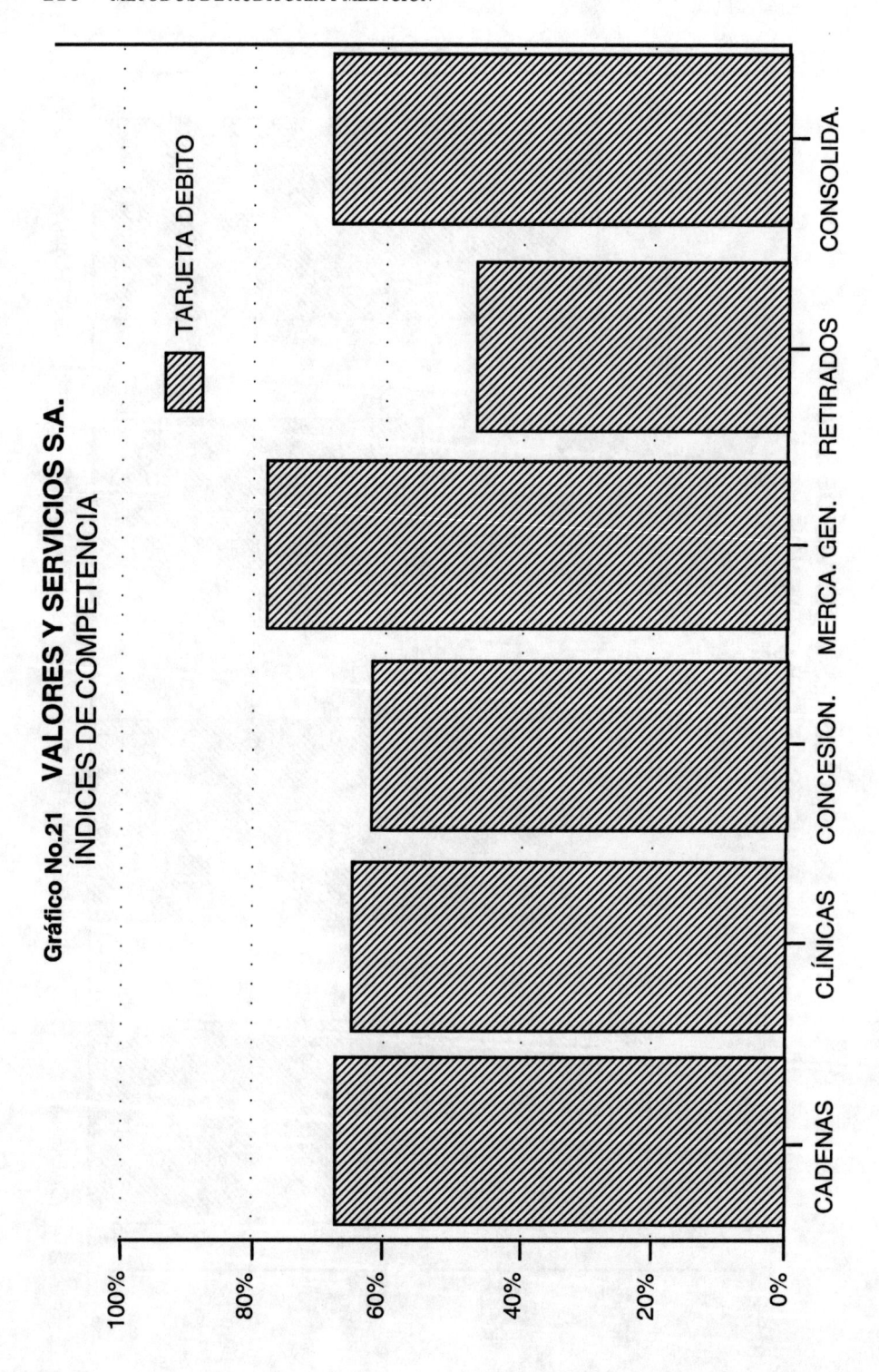

Gráfico No.21 VALORES Y SERVICIOS S.A.
ÍNDICES DE COMPETENCIA

▨ TARJETA DEBITO

| | CADENAS | CLÍNICAS | CONCESION. | MERCA. GEN. | RETIRADOS | CONSOLIDA. |

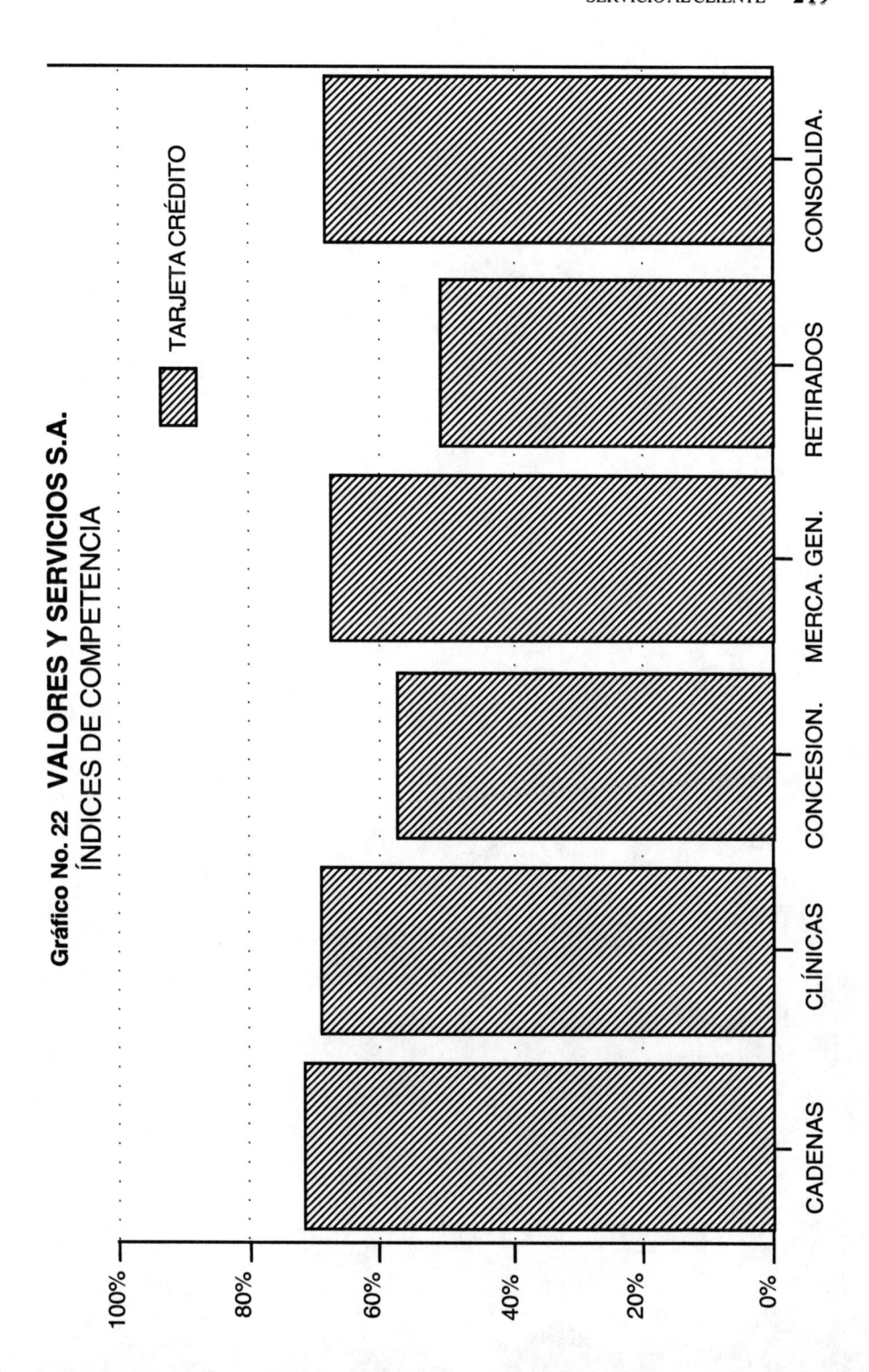

Gráfico No. 22 VALORES Y SERVICIOS S.A.
ÍNDICES DE COMPETENCIA

▨ TARJETA CRÉDITO

Categoría	%
CADENAS	~68%
CLÍNICAS	~65%
CONCESION.	~55%
MERCA. GEN.	~58%
RETIRADOS	~48%
CONSOLIDA.	~63%

BIBLIOGRAFÍA

Albrecht, Karl. Service Within. Solving The Middle Management Leaderding Crisis Business One Irwin, 1990.

Albrecht, Karl; Bradford Lawrence. The service Advantage How Identify and Fulfill. Customer Needs Dow Jones - Irwin, 1990.

Bank of America. Quality of Service. Performance Report, 1993.

Berny, Leonard L.; Parasuraman A. Marketing en las Empresas de Servicios. Editorial Nama, Barcelona, 1993.

Berny, Leonard L.; Bennet; Brown Carter W. Calidad de Servicio. Una Ventaja Estratégica para Instituciones Financieras. Ediciones Díaz de Santos S.A.. Madrid, 1989.

Birsner E., Patricia and Balsley, Ronald D. Practical Geride to Customer Service. Management or operations Dmacom, 1985.

Brow, Andrew. Customer Case Management. Heinemann Professional Publishing. Oxford, 1990.

Chrispopher, Martin. The custoimer service plannes. Bertterwahc Heineman. Oxford, 1992.

Cobra, Marcos; Zwarg, Flavio. Marketing de Servicios. McGraw-Hill, 1991.

Collier, David A. Service Management Operation Decisions. Pretince Hall. Enplewoods Clips N.Y., 1987.

Davidow H., William & Malone S. Michael. The Virtual Corporation. Harger Collins Business, 1992.

De Bono, Edward. Más allá de Competencia. Paidos Empresa 21, 1992.

Drucker F., Peter. Drucker F., Peter. Harper Business, New York, 1993.

Heil, Gary; Parker, Tom; Tate Rick. Leadership and the customer revolution. Van mostrand Reinhold. New York, 1995.

Hermida, Jorge Alfredo; Rico, Ruben Roberto. Calidad Estratégica Total Aplicada. T G M Process y Calidad de Servicios. Acercamiento al Cliente Ediciones Macchi. Buenos Aires, 1993.

Heskett, James L. Managing in the Service Economy. Harvard Business School Press. Boston Mass, 1986.

ITESEM. Las Siete Herramientas Básicas. Instituto Tecnológico de Monterrey, México, 1993.

Karp, Peter; Hanan, Mack. How to maximize, measure and market your company's. "Ultimate Product" Amacon New York, 1989.

Lash, Linda M. The Complete Guide To Customer Service. John Willey & Sons, New York, 1989.

Lovelock, Christopher. Services Marketing. Pretince Hall. Englewood Cliffs, New Jersey, 1991.

Mariño, Hernando. Gerencia de la Calidad Total. Tercer Mundo Editores, Bogotá, 1989.

Molano Camacho, Mauricio. De la Calidad Total a la Calidad Integral. Leasing Ganadero, 1992.

Mudie, Peter; Cottam, Angela. The Management and Marketing of Services. Better Wath Heineman, Oxford, 1993.

Naumann, Earl. Crealing Customer Value. Thompson Executivo Press. Cincinnati, Ohio, 1995.

Palacio González, Rubén Darío. Técnicas el Servicio al Cliente. Cali, Colombia, 1995.

Peel, Malcom. Customer Service. How to achieve Total Customer Satisfaction. Kojan Page, 1988.

Peters, Tom. A Passion for Excellence The Leaderhig Difference. Warner Books, New York, 1986.

Pine II B., Joseph. Mass Customization. The New Frontier in Business Competition. Harvard Business School Press, 1993.

Rivera, José Pablo. El rol de la satisfacción del cliente en el proceso de calidad total. CSM Latin America Inc. 1995.

Rosenbluth, Hal F., and Peters Mefering Diane. The Customer Comes Second. William Morrow and Company Inc., New York, 1992.

Schonberger, Richard J. Cómo crear la cadena Cliente-Proveedor. Hacia una compañía de categoría mundial. Editorial Nama, Barcelona, 1993.

Serna Gómez, Humberto. Equipos de Comunicación Empresarial. Humberto Serna & Asociados, Bogotá, 1994.

Serna Gómez, Humberto. Manual de Herramientas Estadísticas para el Mejoramiento Continuo. Humberto Serna & Asociados, Bogotá, 1994.

Serna Gómez, Humberto. Mercadeo Corporativo. El servicio al Cliente Interno. Segunda edición, Legis, Bogotá, 1992.

Sewell Carl; Brownm, Paul B. Clientes para Siempre. McGraw-Hill, México, 1994.

Shapiro P., Benson; Sviokla, John. Seeking Customer. Harvard Business School Press, Cambridge Mass, 1993.

Suiokla, John J.; Shapiro, Bwson P. Peeping Customer. Harvard Business School, 1993.

Tack, Refred. Profitable Customer Case. Butter Worth Heinemann, 1992.

Tap Slooh, Don; Carton, Art. Paradigm Shift. The New Promise of Information Technology. McGraw-Hill Inc. 1993.

Walker, Denis. Customer First. A Strategy for Quality Service, Gower, 1990.

Walther, George R. Upside Down Marketing. Turning your excutomer into your best customers. McGraw-Hill Inc., 1994.

Walton, Mary. Cómo administrar con el método Deming. Editorial Nama, Bogotá, 1988.